KB122964

감응의 유물론과 예술

ⓒ 최진석, 2020

감응의 유물론과 예술

초판 1쇄 발행 | 2020년 7월 10일

엮은이 최진석
펴낸이 조기조
펴낸곳 도서출판 b

등 록 2003년 2월 24일 제2006–000054호
주 소 08772 서울특별시 관악구 난곡로 288 남진빌딩 302호
전 화 02–6293–7070(대) | 팩 스 02–6293–8080
누리집 b–book.co.kr | 전자우편 bbooks@naver.com

ISBN 979–11–89898–29–8 03100
값 14,000원

감응의 유물론과 예술

Materialism and Art in Affect

최진석 엮음

도서출판 b

방법으로서의 감응

 '느끼고 응한다'는 뜻의 감응感應, affect은 현재 한국 사회의 가장 큰 화두 중 하나다. 정치와 경제, 문화와 사회, 문학과 예술, 기술공학과 생명과학, 그리고 페미니즘 등의 다종다양한 영역에서 감응은 지적 화두로 제기되어 인식의 지형을 급격히 바꾸어 놓았다. 하지만 정작 감응이 무엇인지, 그것이 종래의 사변적 개념들과는 어떤 차이점을 갖는지, 또 이성과 합리의 근대를 넘어서 우리 시대를 전망하는 데 어떠한 사유의 열쇠가 될 것인지는 대단히 불투명하다. 많은 이들이 감응을 통해 역사와 사회를 고찰하고 과학과 문명을 성찰하며 이념과 삶의 지평을 통찰하고자 했지만, 이 새롭게 던져진 사유의 도구가 어떤 잠재력을 갖고 어떻게 사용될 수 있는지는 아직 제대로 해명되지 않았다. 한마디로, 감응은 우리에게 감응받기를 기다리는 중이며, 우리의 감응을 통해 그 개념적 변전과 실천의 장을 열 수 있기를 촉구하고 있다.

물론 감응이라는 개념 자체는 이미 오래전부터 제안되었고 세공되어 왔다. 가령 스피노자는 『윤리학』에서 감응을 논리적 인식 이상의 힘으로 간주했고, 이로써 인간과 자연, 세계의 변화를 지각하는 능력으로 정의한 바 있다. 근대적 주체를 명료하고 뚜렷한 의식의 담지자로 한정했던 데카르트와 달리, 스피노자는 감응이 신체와 정신을 일관되게 관통하고 상호작용하도록 만드는 실재적 힘으로서 규정지었다. 이성이 감성을 지배하고 정신이 신체를 통제한다는 코기토의 전제주의에 맞서 스피노자는 신체와 감성의 종속성을 부정했고, 나아가 후자들이 인간 주체와 자연 및 세계의 상호관계와 역동의 중심에 있음을 주장했던 것이다. 이는 단지 데카르트적 의식철학의 반대항들을 '복권'시켰다는 명제로는 충분히 담을 수 없는 중대한 전환점을 함축한다. 신체와 감성적인 것이 정신 및 이성적인 것을 견인하거나 인도한다고 말했을 때, 스피노자가 염두에 두었던 것은 바로 신체와 감성이 내포한 능력^{potentia}이었기 때문이다. 실로 이 능력의 개념이야말로 감응에 대한 우리의 사유에서 가장 핵심적인 부분으로 부각되어야 할 것이다. 감응이란 특정한 관념이나 기분의 상태, 결정된 느낌 따위가 아니라 말 그대로 이질적인 것과의 마주침을 '느낄 수 있고', 그 만남에 '호응할 수 있는' 힘 자체이기 때문이다. 이 같은 감응의 힘 곧 능력에 따라 우리는 우리 아닌 것과 관계 맺게 되고, 또 다른 우리로, 혹은 어떤 다른 무엇으로도 변화될 가능성을 얻는다. 요컨대 감응은 우리의 존재론적 기초라 할 만하다.

스피노자 이후 감응의 개념은 정신분석을 통해 이론적으로 더욱 진전되었다. 성적 에너지로 정의되는 리비도는 동시에 무의식적 감정의 에너지고, 전이를 통해 개인과 개인 사이에서 교환되고 순환하는 힘으로 정의되었다. 이러한 정신분석의 성과를 비판적으로 이어받은 들뢰즈는 무의식적 욕망을 통해 감응의 동력학적 사유를 심화시켰다. 프로이트가 무의식을 억압된 것으로 규정한 데 반해 들뢰즈는 본연의 무의식이 있음을 지적했으며, 이는 차이화하는 힘으로서 비인간적인 욕망의 존재를 가리킨다. 달리 말해, 프로이트의 정신분석이 개인의 숨겨진 과거를 해명하기 위해 그의 정신적 비밀을 캐묻고 그 답안을 끌어내기 위해 리비도라는 감응적 에너지를 문제화했다면, 들뢰즈는 개인과 개인의 연결을 넘어서 인간과 사회, 자연과 세계 전체를 관련짓고 운동하게 만드는 우주론적 힘의 문제로서 감응을 조망했던 것이다. 이처럼 존재론적 전체성으로서의 감응 개념이야말로 우리가 다종다양한 현실적 영역에서 그것을 발견하고 역동성을 분석하며 전망할 수 있게 해주는 근거라 할 수 있다. 우리는 추상적 논리로서가 아니라 현실을 조형하고 변화시키며 실제로 작동하는 힘의 다양한 현상들 속에서 감응을 찾아야 할 시점에 와 있다.

따라서 "감응이란 무엇인가?"라는 본질주의적인 질문은 잠시 내려놓도록 하자. 이 개념의 역사와 이론적 맥락, 논리적 계보에 대한 연구는 이미 충분할지 모른다. 그럼 다른 질문을 던져보자. 우리는 무엇을 통해 감응이 있음을, 그 작용을 지각하는가? 감응은 우리에게 어떻게 감수感受되는가? 감응은 '포스트모던'한 조류 속에 불쑥 튀어나온 신조어나 설익은 관념이 아니다. 오히려 모든 실존하는 것들의 운동 속에 항상–이미 작동해온 비가시적인 힘의 이름에 다름 아니다. 마찬가지로 감응은 추상적 관념이 아닌 것만큼이나 특정화된 실체적 대상도 아니다. 우리는 천변만화하는 사물세계의 역동 속에서 그 힘의 현행적 사건화를 목격할 수 있다. 때문에 감응이 대체 무엇인지, 이 근원적 물음에 대해 더 근본적인 답변을 보탤 필요는 없다. 차라리 지금–여기의 현실 속에서 감응이 실현되는 양상들, 표현의 양태들을 관찰하고 기록하며 그 의미를 사유해보는 작업이 더욱 긴요한 과제가 될 것이다.

그렇다. 감응에 대해 우리는 이제 각론으로 답해야 할 지점에

와 있다. 지금 절박하게 필요한 것은 우리가 서 있는 현실의
장에서 감응이 어떤 체감을 통해 육박하는지, 일상을 관통하고
생활을 변형하며 삶을 다시 조직하는지 조명하고 의미화하는
작업들이다. 예컨대 감응을 통해 정치와 경제의 지형이 바뀌고
사회와 문화의 형식이 달라지며, 문학과 예술의 패러다임이
역전되는 순간을 짚어내야 한다. 또한 기술공학과 생명과학이
불러낸 새로운 세기의 운명을 직감하고, 페미니즘을 비롯한
소수성의 목소리가 우리 몸을 울리는 사건에 뛰어들 수 있어야
한다. 아, 당신은 우리가 감응에 너무 큰 기대를 거는 게 아니냐
고 물을 수 있다. 하지만 만일 우리의 존재 전부를 그토록
혁명적으로 전환시키는 힘이 여기 있지 않다면, 감응을 내걸고
인식과 활동의 모든 영토를 종횡할 이유가 어디 있을까? 감응이
가진 잠재력은 근대성의 지평을 뛰어넘어 신체와 감각, 무의식
의 존재론에까지 깊고도 멀리 촉수를 뻗고 있다. 우리가 해야
할 일은 이 잠재성의 장으로부터 지금과는 다른 현실, 낯설지만
무한히 열려 있는 이질적인 삶의 형상을 예감해보는 것이다.
단일한 정의 속에 결박되지 않는 감응의 힘이야말로 이 같은
사유–활동의 동력학적 연료이지 않을까? 방법으로서의 감응,
이는 이론적 지평에 잠복한 감응의 힘을 구체적인 현상의
영토들에서 확인하고 가동시키기 위한 실천적 노동을 가리킨
다.

이 책에 실린 글들은 감응학을 수립하기 위한 각론적 실천들이라 할 수 있다. 굳이 분과를 따진다면 예술학과 철학, 생명과학과 문학, 문화와 사회비평 등으로 나누어 볼 수 있지만, 실제로는 특정한 분과학문적 글쓰기를 지양하고 혼종과 교차를 통해 다양한 영역들을 재구성하려는 시도에 가깝다. 이를 일종의 감응적 글쓰기라 명명한다면 이해하기 쉬울 듯하다. 이 가운데는 보다 이론적 논의에 천착하는 글도 있고, 예술이나 과학, 사회적 현상을 통해 감응의 실제적 사례들을 면밀히 고찰하려 한 글도 있다. 어쩌면 감응에 대한 서로 간에 상이한 시각차나 논점의 대립선도 드러날 수 있을 것이다. 하지만 다시 말하건대 감응이란 느끼고 호응하는 것, 새로운 관계를 구성함으로써 또 다른 관계의 형성을 촉발하는 힘의 운동이다. 그런 점에서 여기 묶인 각각의 글이 차이를 드러내고 또 상호간의 충돌과 변형을 촉진한다면, 이는 그만큼 서로가 서로에 대해 감응되고 감응하는 관계 속에 있음을 뜻할 것이다. 이 점에서 감응의 사유는 언제나 또 다른 감응을 생산하는 긍정적 능력이라는 애초의 정의로 우리는 돌아갈 수 있다.

* * *

글쓴이들은 모두 수유너머에서 오랜 시간 활동하며 몸으로 마음으로 서로를 감응해왔다. 아마 상대방이 지닌 이론적 지식의 깊이나 무게에는 다소 둔감할지라도 그들이 어떤 활동을 하는지, 어떻게 사유하고 감각하는지를 감지하고 호응하는 데는 익숙할 것이다. 이론적 개념이나 범주에 대해 미리 합의하진 않았어도, 감응을 주제로 각자의 방식대로 글을 쓰자고 뜻을 모았던 이유도 그에 있다. 그러나 이렇게 감응적으로 시작된 글쓰기가 서로 다른 방향을 향해 분기되다가 돌연 합류하고, 또다시 갈라지는 길목에서 맞닥뜨린 놀라움에 관해 언급하지 않을 수 없다. 그것은 당혹스런 경이인 동시에 충만한 기쁨이고, 차이의 감각이 뒤섞여 있는 연대의 즐거움이리라. 오로지 감응을 통해서만 서로 이어질 수 있는 이 같은 공—동적 共—動的 연대를 독자들도 느끼고 호응할 수 있길 바란다.

2020년 6월

최 진 석

| 차례 |

감응이란 무엇인가?
― 유물론적 시학을 위하여

이 진 경

1. 감응이란 무엇인가?

모든 존재자는 다른 존재자와 필연적으로 만나고 부딪치며 존재한다. 어떤 경우에도 피할 수 없는 이 부딪침이나 만남은 각각의 존재자의 신체에 변화를 야기한다. 때로는 신체의 능력을 증가시키기도 하고 때로는 감소시키기도 하며 또 때로는 별다른 증감을 야기하지 않기도 한다. 신체의 능력이 증가할 때 흔히 말하는 쾌감이 발생되고, 감소할 때 불쾌감이 발생된다. 이 쾌감과 불쾌감에는 그에 상응하는 어떤 정서적 반응이 동반된다. 즉 쾌감에는 기쁨에 속하는 정서적 반응이, 불쾌감에는 슬픔에 속하는 정서적 반응이 동반된다. 외부의 자극을 감지하여 발생하는 이 정서적 반응은 주어진 자극에 적절하게 대응하는 어떤 작용 내지 행동으로 이어진다. 혹은 좋음/싫음好惡이라는 판단을 동반하는 기억을 통해 이후 유사한 종류의 자극을 다시 얻고자 하거나 미리 피하려 하는 태도로 이어진다. 이처럼 감지感知된 촉발에 응應하여 발생하는 정서적 반응들의 집합이 감응感應이다.

따라서 감응이란 어떤 외부와의 만남에 의해 내 신체에 발생한 변화의 표현이자, 동시에 그 효과를 신체 안에 수용하여 얻은 능력의 표현이다. 감응에 의해 신체 안에 수용된 외부, 촉발을 야기한 외부는 그런 방식으로, 그런 정도만큼 촉발받은 신체 속으로 밀려들어가 신체 안에 침전된다. 그렇게 변화된 신체는 이후 만나는 다른 신체를 촉발한다. 신체 안에 침전된 감응은 그 촉발을 통해 다른 신체 속으로 다시 밀려들어간다.

보후밀 흐라발의 소설 『너무 시끄러운 고독』은 처음부터 끝까지 감응을 통해 이어지는 것들을 하나로 묶는다. 주인공 한탸는 35년째 폐지를 압축하는 일을 해왔다. 그는 그렇게 압축되어 버려지는 책들을 보면서, 점점 스스로가 버려지는 책이 되는 감응을 갖게 된다. "그날 하루 압축한 꾸러미들의 모습이 내 안에서 서서히 스러져갈 때면 내 몸이 바스러진 책 꾸러미처럼 여겨진다."[1] 책들의 무덤을 파는 자가 느끼는, 버려지는 소중한 것들에 대한 이러한 감응은 책 사이를 떠돌며 사는, 그러다가 책과 함께 "그들의 보금자리가 통째로 압축되고" 마는 생쥐가족에 대한 감응으로 이어진다. "이제 내 삶은 이 작은 생쥐들과 떼어놓을 수 없게 되었다."[2] 이는 그가 사는 방의 감응으로 치환되어 이어진다. 그는 책에 대한 애정 속에서 버려지는 것 중 소중한 것을 구해내 자기 방을 가득 채운다.

> 내 거처는 책들로 넘쳐난다. 저장실과 창고는 물론 화장실에도 책이 가득하고, 찬장도 마찬가지다. 주방은 창문과 화덕으로 이어지는 통로로만 겨우 다닐 수 있고, 화장실엔 비집고 앉을 자리만 남아 있다. … 단 한 권도 더는 올려둘 수 없는 상태에 이르러서야 내 방의 침대 둘을 합쳐 그 위로 관 뚜껑처럼 닫집 형태의 선반을 짜 넣었고, 거기에 지난 삼십오 년 동안 찾아낸 2톤의 책을 쌓아두었다. 잠이 들면 끔찍한 악몽처럼 나를 짓눌러오는 책들이다.[3]

동시에 그런 감응은 책들의 반기로 바뀌어 신체를 덮치기도

1. 보후밀 흐라발, 이창실 역, 『너무 시끄러운 고독』, 문학동네, 2017, 17쪽.
2. 같은 책, 27쪽.
3. 같은 책, 29쪽.

감응이란 무엇인가 _ 17

한다. "책들이 내게 반기를 들고 공모를 해대는 소리가 들리는 것 같아 정신의 균형이 깨져버린다. 책들이 우선 나를 모기처럼 짓이겨놓겠지."[4] 도살장에서 실려 온 피 묻은 종이, 그 냄새 때문에 몰려들었던 책과 함께 짓이겨져 곤죽이 된 파리 떼는 피로 물든 자신의 작업복으로, 그로써 피로 칠갑이 된 얼굴로 이어지고, 압축장에 나타난 예수와 노자의 환영은 죽음을 둘러싼 종교적 감응을 그 피 속에 섞어 넣는다. 폐수가 꾸르륵대며 빠져나가는 소리, 변기 물 내려가는 소리는 시궁창으로 이어지며, 피와 하나로 묶이는 액체성의 지대를 형성한다.[5] 죽어서 화장되는 엄마조차 그는 이런 감응의 연속성 속에서 받아들인다. "엄마가 죽었을 때 내 안의 모든 것이 울었지만, 막상 내게는 흘릴 눈물이 남아 있지 않았다. … 십 년째 지하실 폐지더미 속에서 일해 온 터라 나는 습관처럼 화장터의 지하 공간으로 내려가 보았다. 책들을 두고 하는 일을 거기서도 똑같이 하고 있다는 느낌이 들었다."[6]

버려지는 것에 대한 미안함과 안타까움, 그렇게 압축하여 버리는 것에 대한 반감과 공감, 버려지는 것 속에 있는 소중하고 가치 있는 것을 알아보고 마지막으로 배웅하는 자의 자긍심과

4. 같은 책, 30쪽.
5. 같은 책, 49–68쪽.
6. 같은 책, 24–25쪽.

그렇게 화염 속에서 불타오르는 것에 매혹된 감정 등이 뒤섞인 감응 속에서, 그는 "35년째 폐지를 압축하는 일을 해왔다"는 말을 반복한다. 버려지는 소중한 책들의 폐기작업이 야기한 감응이 그의 신체로 스며들고, 이러한 그의 신체는 엄마나 외삼촌의 죽음에 대해서 그런 감응으로 반응한다. 그렇게 신체에 스며든 감응은 또한 그의 방으로 퍼져가며 그를 에워싸고, 그 대기 속에서 버려지듯 살아가는 생쥐나 오수, 똥 속에 다시 스며든다. 이렇게 이어지는 모든 것이 하나의 감응 속에 있다. 감응이 만들어내는 일종의 '일원성'이 여기에 있다. 이 일원성 속에는 단지 죽음의 고통이나 슬픔만이 아니라 오히려 질료적 일원성 속으로 들어가 다시 태어날 어딘가로 흘러가는 것에 대한 긍정 또한 포함하고 있다. 그 안의 모든 것이 울었으나 흘릴 눈물이 남아 있지 않았다는 엄마의 죽음이 단적으로 그렇다. "화장터를 나서자 한 줄기 가느다란 연기가 하늘로 피어오르는 모습이 보였다. 엄마가 어여쁜 모습으로 하늘로 오르고 있었다."[7] 그래서 그는 책들이 압축된 종이뭉치마다 거기 들어간 책들에 어울리는 그림을 한 장 얼굴처럼 표면에 넣어준다. 새로운 탄생의 징표를 붙여주는 것이다.

한탸처럼 감응을 통해 세상을 본다면, 감응이 달라지면 같은

• •

7. 같은 책, 24쪽.

물건도 다른 것이 된다. 즉 한턔를 사로잡은 감응의 연속성이 사라진다면, 종이를 압축하여 폐기하는 작업은 새로운 압축기를 사용하든, 아니면 동일한 압축기를 사용하든 아주 다른 것이 된다. 더는 참고 볼 수 없는 것, 더는 지속할 수 없는 것이 된다. 은퇴한 이후에도 압축기를 사서 그 일을 계속 하리라던 이 '화장터지기'는 컨베이어 벨트를 타고 오는 닭들을 처리하는 것 같은 효율적이고 강력한 거대한 기계와 책에 대한 애정이나 버려지는 책에 대한 애도는 물론 종이의 감촉을 느낄 두 손마저 장갑을 끼워 감각을 상실한 작업자들을 보면서 "다른 모든 압축기에 치명타를" 가하게 될 미래를 본다. 그것은 "책 속에서 근본적인 변화의 가능성을 찾겠다는 열망으로 우리가 종이더미에서 구해낸 장서들도 모두 끝장"임을[8] 뜻한다. 폐지를 압축하라는 말을 충실히 따라 일하는 사회주의 노동단원 청년 두 사람과 더불어 젊음을 되찾은 듯 힘차게 돌아가며 으르렁대는 자신의 압축기에게서 느껴야 했던 배신감과 굴욕감도 그렇다. 35년째 사용하던 기계였지만, 이제 그것은 다른 기계가 되고 만 것이다. "머리 위에 펼쳐진 별이 총총한 하늘을 능가하는 무언가를 생쥐의 눈 깊은 곳에서 발견"하던[9] 그는 감응의 연속성이 절단되어버린 새로운 상황

• •
8. 같은 책, 91쪽.

에서 더는 살아갈 수 없다고 느끼고 "폐지가 가득한 압축통 속에… 작은 은신처를 마련"하고 "욕조 속에 들어가는 세네카처럼" 들어가 책들과 함께, 자신의 신체와 하나처럼 느껴지던 것들과 더불어 종말을 맞기로 한다. 그렇게 그는 '승천'한다. "완전한 미지의 세계로 진입한다."[10]

일찍이 감응을 개념으로 다루었던 스피노자는 '감응'에 의한 분류법을 제안한 바 있는데, 그에 따르면 폐지압축장의 책과 책으로 가득 한 방의 한탸는 결코 다르지 않다. 폐지 속에서 살다가 폐지와 함께 압축되어버리는 생쥐도, 피 냄새에 홀려 피 묻은 종이를 따라갔다가 함께 압축되어버린 파리 떼들도 다르지 않다. 모두다 자신이 대면하게 된 것에 홀려, 그것에 신체를 내주고 그것과 하나의 연속체가 되어버리며, 그로 인해 그것과 함께 버려지거나 죽어간다. 철도에 홀려 은퇴 후에도 철로변환기를 사다 놓고 그 작업을 계속하던 외삼촌과 은퇴 이후 압축기를 사서 그 작업을 계속 하려던 자신 또한 감응에 의해 분류하자면 '하나'라 해야 한다. 감응은

<hr />

9. 같은 책, 130쪽.

10. 같은 책, 131쪽. 같다고는 할 수 없지만, 멜빌의 『필경사 바틀비』에서 "그렇게 하지 않기를 선호합니다"를 고집스레 반복하다 끝내 음식마저 먹지 않기를 선호하여 죽음에 이르는 바틀비의 행적은, 수신처를 찾지 못해 불태워지는 편지들의 감응의 표현이라는 점에서 유사성을 갖는다 (허멘 멜빌, 공진호 역, 『필경사 바틀비』, 문학동네, 2011 참조).

이처럼 만나며 스며드는 신체들을 하나로 묶어주고 섞어준다. 이렇게 형성된 감응의 모호한 일원성이 이 소설을 처음부터 끝까지 밀고 간다. 한탸 자신이 책과 함께 압축되는 결말이 지극한 설득력을 갖는 것은 바로 감응의 이 일원성 때문이다.

그러나 감응의 일원성을 통일성이나 단일성, 동질성 같은 것으로 오해해선 안 된다. 감응은 그렇게 하나로 섞일 때조차 결코 동질화될 수 없는 수많은 정서적 반응의 집합이고 혼합이며 그것들 사이의 이행이다. 베르그손이 '지속'이란 개념을 정의할 때 지적했던, 식별불가능하게 섞이며 만들어지는 이질적인 것들의 연속체다.[11] 그렇기에 거기에는 아주 다른 것이 섞여 들어가기 마련이고, 그래서 감응은 통상의 감정과 달리 모호하며, 상충되는 것들이 끈질기게 남아 있는 연속체다. 예컨대 김시종은 시설의 차에 실리며 소리치는 한 노인의 말에서, 몸부림치는 신체에서 아주 다른 소리를 동시에 듣는다.

> 호토케에~ 호토케에~
> 내버려두라고 말한 것인지
> 부처님이라고 외친 것인지.

· ·

11. 앙리 베르그손, 최화 역, 『의식에 직접 주어진 것에 관한 시론』, 아카넷, 2001.

시설의 차에 실리는 동안

노파는 숨 끊어질 듯 몸부림친다.

원래 처음부터

이상한 억양을 반복하는 말이었다.

정주한 사람들 서로 섞여들지 않는 울림이

삶의 밑바닥에 앙금처럼

나날의 틈에서 끈적대고 있었기 때문이다.

　　　　　　　　　　　　−김시종, 「구멍」 부분[12]

　호토케에~라는 노인의 외침은 '내버려두라'를 의미하는 '홋토케ほっとけ'로도 들릴 수 있고, '부처님'을 뜻하는 '호토케ほとけ'로도 들릴 수 있는 소리다. 우리는 명확한 의미를 갖는 언어를 들을 때조차 그것이 언표되는 상황과 말의 어조, 표정과 몸짓 등을 섞어서 듣고, 그것으로 말의 의미를 포착한다. 기호에 그런 것들이 섞여 들어가며 전달되어 오는 감응을 듣는 것이고 그 감응 속에서 의미를 포착하는 것이다. 섞여 들어가는 그 감응이 다르면 같은 말도 다르게 들린다. 더구나 감응은 상이한 정서적 반응들이 혼합된 것이기에 모호하며 다의적이고, 그렇기에 종종 상이한 말로 들릴 수 있다. 더구나 이주할

・・
　12. 김시종, 이진경/카게모또 쓰요시 역, 『잃어버린 계절』, 창비, 60−61쪽.

준비 없이 일본에 와서 몸으로 배운 일본어, 일본인들과 섞여들지 않으면서 불가피한 한 사용하는 일본어에는 통상 일본어에 섞여들어 가는 것과 다른 것들이 섞여들게 마련이다. 그렇게 섞여들지 않고 남은 것들, 그 언어와 어조 같은 것이 "삶의 밑바닥에 앙금처럼 / 나날의 틈에서 끈적대고" 있는 것이고, 그것이 말이나 행동에 섞여 들어가며 같은 말도 다른 말로 바꾸어버리고 있는 것이다. 이러한 변환능력을 모호성 속에서 전달되는 감응의 힘이라 해도 좋지 않을까?

그렇기에 감응은 이해되지 않아도, 의미화되지 않아도 전해지고 파고든다. 많은 시들이 소통에서 벗어나는 말로, 이해되지 않는 언어로 씌어지지만,[13] 그래도 무언가를 읽는 이의 신체 속에 밀어 넣으며 파고들 수 있다면 바로 이 때문이다. 김시종은 이처럼 이해되지 않아도 파고들어 신체에 남아 후일 발아할 씨가 되는 이런 감응을 '실감'이라고 명명한다.[14]

2. 감응의 강도와 특이성

· ·
13. 이진경, 『김시종, 어긋남의 존재론』, 도서출판 b, 2019, 27쪽.
14. 김시종, 「김시종과의 대담」, 『이카이노 시집, 계기음상, 화석의 여름』, 도서출판 b, 2019.

모든 만남은 감응을 산출하지만 모든 감응이 침전되거나 응결되지는 않는다. 많은 감응들이 시간과 더불어 흘러가고 사라져간다. 그렇다고 세고 두드러진 자극이나 격한 촉발만 기억되는 것도 아니다. 약하고 미세한 자극이나 은근한 촉발 또한 기억되고 응결될 수 있다. 평범한 촉발은 아무리 강해도 흘러가버리고, 특이한 촉발은 미약한 것조차 기억되고 남는다. 특이함의 문턱을 넘는 것들만 흘러가지 않고 기억되며, 특이성 의 문턱을 넘는 것들만 응결된다. 그 응결된 감응으로 다른 것을 촉발한다. 이런 점에서 '강도intensity'는 단지 양적인 것이 아니다. 피아니시모pp의 미약한 소리가 만들어내는 긴장이 포르티시모ff의 강한 소리보다 더 강한 강도를 가질 때가 있음을 우리는 안다. 구스타프 말러의 탁월함은 허공을 가득 채우는 크고 화려한 소리가 아니라 멀리서 아련히 들리는 것 같은 작고 약한 소리의 힘을 잘 안다는 데서 나온다. 피아니시 모의 강밀함, 그것이 만들어내는 먼 거리의 공간감에 있다. 침묵으로 노래하는 가수, 시행 사이의 공백으로 쓰는 시인, 거의 움직이지 않는 무위의 동작으로 상대방을 제압하는 무사 의 강밀함에 대해 우리는 자주 듣는다. 자동차가 충돌하고 사람이 피를 흘리며 실려 가는 장면은 강하고 처참하지만 시간이 조금 지나면 어느새 잊어버린다. 그러나 늦가을 앙상한 나뭇가지 끝에 매달린 빨간 감 하나가 눈에 들어왔다면 쉽게 잊지 못할 것이다. 잊었다 싶었으나 어느새 다시 떠오를 것이다.

> 벌거벗은 나무 끄트머리
>
> 감이 하나 빨갛게 선명하다.
>
> —김시종, 「희미한 전언」, 부분[15]

　문턱을 넘는 것은 특이성의 강도지 자극의 크기가 아니다. 팽팽한 긴장을 만드는 응축과 응결의 힘이 특이성의 강도를 만든다. 감응의 강밀함을 만든다. 강도는 모두에게 동일하게 포착되는 외적인 정도가 아니라, 차라리 대비하여 말하자면 내적인 밀도에 가깝다. 그렇기에 모두에게 동일하게 다가가는 경우에도 모두에게 동일하게 포착되지 않는다. 안으로 접혀 들어간 밀도를 감지하여 반응할 수 있는 신체나 감각 속으로만 밀고 들어간다. 촉발 받을 능력capacity이 있는 신체, 수용능력이 있는 감각 속으로만 밀고 들어간다. 밀려들어오는 만큼 그 강도는 감지되고 새겨진다. 그렇게 사람들 귀에 잘 들리지 않는 소리를 듣고, 사람들 눈에 잘 보이지 않는 것을 보는 이들이 있음을 우리는 안다. 나뭇가지 끝에 매달린 감의 말없는 소리를.

• •

15. 김시종, 이진경/카게모또 쓰요시 역, 『잃어버린 계절』, 창비, 40쪽.

그것이 얼마나 높은 외침인지
사람의 귀에는 와 닿지 않는다.
석양에 물들고 종소리에 스며들어
풍돌을 울릴 뿐이다.

－김시종, 「희미한 전언」, 부분

사실 시인의 귀라고 감의 소리가 들릴 리는 없다. 시인은
그 소리를 보는 것이다. 눈으로 듣는 것이다. 앙상한 나뭇가지
에 홀로 매달린 것의 고독함이, 머지않아 끝내 떨어지고 말
시간을 기다리고 있는 쓸쓸함이 눈에 들어오는 것이다. 살그머
니 들어와 나가지 않는 것이다. 그 소리는 그렇게 풍경 속에
녹아든다. 석양에 물들고 종소리에 스며든다. 대기atmosphere
속에 스며든다. 대기가 되어 풍경을 만들고 대기가 되어 감을,
나무를, 인근의 사물들을 감싼다. 그렇게 그 '소리'는 감응의
대기를 만들고, 감응의 풍경을 만든다. 시인이 본 것은 감이
아니라 그 풍경이고, 풍경 속에 스며든 감의 말없는 '목소리'다.
마른 가지 끝에 홀로 매달린 풍경의 외침이고, 그 외침의 특이성
이다.

시집 『광주 시편詩片』[16] 1부에서 김시종이 광주사태처럼
거대한 항의와 무참한 폭력으로 펼쳐진 '크고 소란스러운'

사건을 정체도 알아볼 수 없는 '조용한' 사건으로 다루는 것을 나는 이런 방식으로 이해한다. 광주사태에 대한 시임을 알아볼 수 없는, 아무런 이름도, 잘 알려진 사실도 언급하지 않은 채, 바람에 실려 온 어떤 것을, 하늘에 펄럭이는 만장 하나와 들었는지 못 들었는지도 모호한 먼 천둥소리, 눈꺼풀 뒤에 있는 희미한 그림자, 그리고 아득한 추락의 벼랑과 하나로 묶어 '사건화'한다. 의미화하기보다는 있는 의미마저 떨구어 버리고 그저 바람에 실려 온 비명, 불을 켜면 숨어버리는 그림자로 표현되는 감응만 남기며 '사건화'한다. 이런 사건화를 통해 우리는 어떤 사건에 대한 의미가 아니라 "사건의 말없는 신체" 인 '사태'와 만나고 부딪치게 된다.[17] 무언지 알 수 없는 그 신체와의 만남이 남기는 감응이 신체 속으로 밀려들어온다. 하나의 풍경으로, 만장이나 그림자를 둘러싼 대기로. 잊을 수 없고 떨구기 힘든 대기로 되어 신체에 스며든다.

흐라발의 한탸 또한 이런 소리를 본다. 그 소리가 만드는 대기를 감지한다.

가치 있는 무언가가 담긴 책이라면 분서의 화염 속에서도

· ·
16. 김시종, 김정례 역, 『광주 시편』, 푸른역사, 2014.
17. 이진경, 『김시종, 어긋남의 존재론』, 255쪽.

조용한 웃음소리가 들려온다. 진정한 책이라면 자신을 넘어서는 다른 무언가를 가리킬 것이다. … 진정한 책에 내 눈길이 멎어 거기 인쇄된 단어들을 지우고 나면, 남는 것은 대기 속에서 파닥이다 대기 중에 내려앉는 비물질적인 사고들뿐이다. 대기에서 자양분을 얻고 다시 대기로 돌아가는 사고들.

—『너무 시끄러운 고독』, 11쪽

감응에는 한 순간의 강렬한 만남이 접혀 들어가 있다. 이는 그 만남의 특이성을 표현한다. 책을 폐기하고 압축하는 일을 하면서 소중한 책, 그저 종이로 되돌릴 수 없다고 믿는 책을 골라내온 한탸가 정성스레 한 일은 '아, 이 책!' 하고 놀라게 하는 어떤 책의 특이성을, 환원불가능한 개체성을 포착하는 일이기도 했다. 책의 폐기가 단순한 종말이 아니라 새로운 어떤 것으로 탄생하게 될 미래를 시작하는 것임을 알지만, 그래도 그 질료적 일원성으로 흘려보낼 수 없는 '특개성hecceitas'을 죽음에서 구해내는 일이다.

책이 스며든 신체를 갖는 그이기에, 종종 폐기될 책과의 어떤 만남은 결코 잊을 수 없는 사건, 지울 수 없는 강도의 사건으로 온다. 제2차 세계대전 막바지에 프로이센 왕실도서관의 가죽 장정을 한 책 무더기가 쏟아져 들어오는 것을 보고, 한탸는 그 책을 구하기 위해, "난세가 좀 진정되면 책들을 원래 있던 자리로 돌려보내기 위해" 애를 썼지만, 누군가 은신처를 누설하는 바람에 '전리품'으로 규정되어 비를 맞으며 열차에 실리게 된다.

> 마지막 트럭이 역에 도착했을 때 열차 차량들에서는 검댕과 인쇄용 잉크가 뒤섞인 금빛 물이 줄줄 흘러내렸다. 그 광경을 목격한 나는 가로등에 몸을 기댄 채 할 말을 잃었다. 마지막 차량이 안개비 속으로 사라졌을 때 내 얼굴에서는 눈물과 빗물이 뒤섞여 흘러내렸다. 역에서 나오는데 순경이 보이기에 그에게 다가가 두 손을 교차시켜 내밀며 애원했다. 손에 수갑이든 포승이든 채워달라고. 나는 죄를, 인류를 거스른 죄를 범한 참이라고.[18]

이런 만남은 신체 속으로 파고든다. 신체와 섞여 처음 왔던 것과 다른 어떤 것으로 변성되며 침전된다. 더없이 참혹한 경험을 했던지라 이제 비슷한 일을 당해도 놀라거나 눈물을 흘리지 않을지도 모른다. "내 안에는 이미 불행을 냉정하게 응시하고 감정을 다스릴 수 있는 힘이 자리했다. 그렇게 하는 파괴행위에 깃든 아름다움을 이해하기 시작했다."[19] 표면에

----

18. 흐라발, 앞의 책, 22쪽.

드러나지 않는 '작고' 미묘하고 은근한 어떤 긴장의 강밀도로, 울지 않지만 결코 잊을 수 없는 강도로 침전된 것이다. 물론 이는 자신의 기마상을 산산조각 내려고 총을 겨눈 프랑스 군인들을 바라보았던 레오나르도 다빈치의 그것과 유사한 것이었고, 그렇기에 "하늘은 전혀 인간적이지 않고 사고하는 인간 역시 마찬가지"라는 생각을 동반한다.

이렇게 강밀한 것은 시간을 따라 흘러가지 않는다. 스며들고 휘감겨 신체에 남는다. 눈 속에 응어리지고, 귀 속에 가라앉는다. 자신을 싣고 오던 시간을 흘려보내며 바래진 풍경 속에 응고되어 침전된다.[20] 녹슨 풍경이 되어 신체의 한 구석에 가라앉는다. 신체 인근을 떠도는 '기억의 관棺'이 되어 신체 저편에서 신체를 바라보고 있다. 그러다가 어쩌다 무심코, 잊고 있던 눈이 그것과 마주치면, 다시 신체 안으로 밀고 들어온다. 아니, 신체 안에서 삶의 장소 속으로 솟아오른다. 어제처럼 지나가는 오늘에 휘감겨 발목을 잡고 가던 길을 가지 못하게 한다.

그런 그가 부주의하게도

· ·
19. 같은 책, 23쪽.
20. 김시종, 「바래지는 시간 속」, 『광주 시편』, 31–32쪽.

응시하고 있는 과거를 보고 만 것이다.

조각난 나날이

부엌의 부피가 되어 방을 밀어올리고 있을 때

바짝 마른 형광등으로

비스듬히 구획된 저쪽에서 뒤돌아본 것이다.

　　　　　　　　　　　－김시종, 「나날의 깊이에서 1」, 부분[21]

3. 감정의 통일성과 감응의 다양체

감응이란 외부의 자극을 감지하여 발생하는 정서적 반응들의 집합이다. 반복하지만, 감응은 능력의 증가에 동반되는 쾌감과 그 감소에 동반되는 불쾌감이다. '고양감'과 '저하감'이라고 해도 좋을 이 반응을 스피노자는 '기쁨'과 '슬픔'이라는 말로 명명한다. 감응 또한 일종의 '감정'이기에 이렇게 표현하는 셈인데, 이 경우 그 감응 안에 포함된 다른 정서적 반응과 구별되지 않는다는 난점이 발생한다. 스피노자는 『에티카』 3부 말미에서 욕망, 기쁨, 슬픔에서 시작하여 경탄, 경멸, 사랑,

• •
21. 김시종, 카게모토 쓰요시 외 역, 『이카이노시집, 계기음상, 화석의 여름』, 도서출판 b, 48쪽.

미움, 싫음, 헌신, 조롱, 공포, 신뢰, 절망, 환희, 가책, 연민, 분노, 질투, 동정, 후회 등 40여 가지 정서 내지 '감정'에 대해 세심하게 정의하고 있다.[22] 정서적 반응은 이렇게 다양하지만, 이 많은 정서적 반응은 크게 두 가지 계열로 분류될 수 있으니, 그것이 능력의 증감을 표현하는 '기쁨'과 '슬픔'이다. 따라서 이 두 개념은 다른 정서적 반응과 구별되는, 정서들의 계통을 표시한다. 하지만 이것이 기쁨과 슬픔이라는, 다른 정서들과 나란히 놓이는 말로 표시되면, 그 많은 정서 중의 하나가 되어 혼동을 피하기 어렵다. 이를 피하려면 수많은 정서들 중 일부인 '기쁨', '슬픔'과 구별하여, 그 정서들을 능력의 증감에 따른 반응을 표시하는 '고양감'과 '저하감', 혹은 훨씬 단순화된 '쾌감', '불쾌감'이란 말이 더 적절하리란 생각이다.

그런데 사실 감응은 능력의 증감과 상응하는 두 가지가 있다고 했지만, 실제로는 두 가지가 아니라 무수히 많다. 스피노자가 말했던 40여 개만 있는 것이 아니라, 그것들이 혼합되어 만들어지는 무수히 많은 감응이 있다. '쾌감'과 '불쾌감'은 그런 감응을 크게 묶는 범주, 혹은 가장 단순화된 신체에 대해 적용할 수 있는 두 유형의 반응을 지칭한다. 현실적인 감응이 그렇게 많은 것은 우리의 신체가 복합체이기에, 하나의 촉발이

22. 스피노자, 강영계 역, 『에티카』, 서광사, 1990, 188–202쪽.

동시에 여러 부분들에 감응을 야기하기 때문이다. 상이한 부분들에서 발생하는 쾌감과 불쾌감이, 그 강도가 다르고, 그것들이 섞여 일어나는 것이 복합체의 감응이기에, 감응은 두 가지이지만 무수히 많은 것이다. 두 가지 반응은 단순체에 발생하는 반응일 뿐이다. 복수의 부분에서 발생한 두 종류의 감응이 섞이며 어떤 색채의 정서적 반응이 발생하며, 그 정서적 반응들이 다시 섞이며 전체 신체의 감응이 발생하는 것이다.

스피노자를 원용해 약간 부연하자면, 개체는 복수의 신체적 요소들이 개체화된 결과다. 따라서 개체의 신체는 복수의 부분–신체들을 갖는다. 그 부분–신체들 또한 하위의 부분–신체들로 개체화된 것이다. 가령 인간의 신체는 심장, 뇌, 허파, 위, 창자, 근육, 신경계 등등 수많은 기관들이 하나로 결합되어 개체화된 것이다. 허파는 수많은 허파꽈리들이 결합되어 개체화된 것이고, 허파꽈리는 수많은 혈관과 근섬유 등이 결합되어 개체화된 것이며, 근섬유는 수많은 세포들로 이루어지고, 세포는 세포소기관들로 이루어진다. 세포소기관 또한 마찬가지로 부분–신체들로 이루어지며, 이는 또 그 이하로….

우리의 신체가 산이나 언덕을 오를 때, 혹은 축구공을 차며 운동장을 뛰기 시작할 때 발생하는 신체적 자극은 다리의 근육과 심장에게, 허파에게 위장에게 모두 다른 변용을 야기한다. 이전보다 빠른 속도와 강도의 운동에 어떤 부분은 흥분하며 쾌감을 느끼겠지만, 다른 부분은 그렇지 않다. 쾌감조차 느끼는 부위에 따라 다르게 느껴진다. 그렇게 상이한 정서적 반응들이 섞이며, 달리는 쾌감과 숨이 차는 고통, 중력이 주는 압박감과 움직임이 주는 팽창감, 좀 더 시원하게 달리고 싶다는 느낌과 힘드니 천천히 가자는 느낌, 함께 달리는 신체와 공명하며 오는 기쁨과 나를 저지하려는 상대방의 움직임에서 오는 두려움 등 다양한 부분—신체 및 전체 신체의 정서적 반응이 하나로 섞이며 뛰는 신체의 감응이 만들어진다.

따라서 복합체인 신체의 감응은 저 많은 정서적 반응들 사이를 이행하며 만들어지는 혼합물이고, 베르그손이라면 '지속'이라고 말했을 연속체다. 이는 직접적으로는 능력의 증감이 그 자체로 이행이라는 사실에 기인하지만, 좀 더 본질적으로는 모든 신체가 그보다 작은 수많은 신체들의 복합체라는 사실에 기인한다. 하나의 외부적 자극이 주어질 때에도, 그 자극이 전체 신체에 야기하는 정서적 반응과 부분인 신체에 야기하는 반응은 다르기 때문이고, 그 자극에 의해 발생하는 신체적 변화도 그 모든 부분에 대해 다르기 때문이다.

자주 다투던 연인과 결국 싸우고 헤어질 때, 불안과 두려움 속에서 하지 않던 일을 하기 시작할 때, 두렵지만 강하게 끌리는 어떤 것을 향해 다가갈 때, 혼합되는 정서적 반응들은 더욱 다양할 것이다. 이로 인해 하나의 색채로 칠할 수 없고 종종 상충되며 상이한 표정을 동시에 갖는 감응들이 발생한다. 슬픔과 기쁨은 쉽게 섞이고, 사랑과 미움, 애정과 분노가 동시에 작동하는 감정을 경험하는 것은 극히 흔한 일이다. 섞이는 양상에 따라 전에 없는 감정이 발생하기도 한다.

'감정sentiment'이란 말은 이렇게 혼합된 정서적 반응의 다양체에 대해, 유기체 전체의 입장에서 하나의 통일성을 부여할 때 사용된다. 감정 또한 감응의 산물이고 그것의 표현인 한 본질적으로는 여러 정서적 반응의 혼합물이다. 그 혼합물 가운데 가장 지배적인 것을 통해 다른 정서적 반응들을, 유기체 내지 '주체'라고 명명되는 전체의 반응으로 통합하여 포착할 때, 감정이 출현한다. 그렇기에 감응이 만남이나 만난 것들에 속한다면, 감정은 그 만남이 통상 '나'라고 표시되는 한 개체가 느끼는 '주관적' 표현에 속한다. 이는 대체로 의식에 의해 포착되고 '의식된다'. 그렇기에 감응이 상이한 정서적 반응이 섞이는 이행 상태에 있다면, 감정은 그렇게 섞인 정서적 반응이 귀착되는 정서적 상태를 표시한다. 그렇기에 감응은 감정의 묘사보다는 정서적 반응을 야기한 것들의 묘사를 통해, 그렇게 묘사된 것을 둘러싼 대기 속에 모호하게 떠돌고 있다면, 감정은 어떤 주체의 내적 상태를 드러내는 명확한 기호로 드러난다.

연민이나 분노, 사랑이나 경탄 같은 정서적 반응은 감응에 속할 수도 있고 감정에 속할 수도 있다. 차이는 그 정서들을 하나의 중심된 정서로 모으고 그것을 통해 정서적 반응에 어떤 통일성을 부여하는가 아니면 상이한 정서적 반응들 사이에서 섞이게 하는가이고, 그 중심적 정서가 귀속되는 주체의 내면으로 인도하는가 아니면 정서적 반응을 야기하는 존재자들 사이를 떠돌게 하는가이다. 그래서 감응적 묘사는 심지어 하나의 정서가 주조를 이룰 때조차 감정을 표시하는 말이 아니라 어떤 정서의 대기를 머금은 장면을 선택하고, 감정적 묘사는 그 감정과 결부된 정서적 대상들을 묘사할 때에도 하나의 정서적 기호 속으로 모은다.

예를 들어 윤동주의 「서시」에는 '하늘', '잎새', '바람', '별', '노래', '죽어가는 것', '길' 등이 등장하지만, 이 모든 것은 부끄러움과 이어진 '괴로움'으로, 예민한 양심과 짝하는 가책의 감정으로 모이고 그에 포섭된다. 이 시의 아름다움은 그 감정을 묘사하기 위해 불러들인 것들의 설득력에서 나오지만, 역으로 그 아름다움은 결국 '괴로움'이라는 가책의 감정에 바쳐진다. 반면 다음 시에서 진은영은 반복되는 시도와 실패, 그로 인한 정서적 반응을 표현할 때조차 감정을 표현하는 말을 행간에 감추어버리고 그 감정 인근을 둘러싼 것들만 남겨놓음으로써 모호성의 대기 속에 감응을 풀어놓는다.

흰셔츠 윗주머니에

버찌를 가득 넣고
우리는 매일 넘어졌지

높이 던진 푸른 토마토
오후 다섯 시의 공중에서 붉게 익어
흘러내린다

–진은영, 「우리는 매일매일」, 부분[23]

　반복되는 실패는 '매일 넘어졌지'로, 그로 인한 발생했을
정서적 반응은 윗주머니에 버찌를 가득 넣고 넘어질 때 흰셔츠
를 진하게 물들일, 멍인지 피인지 알 수 없는 붉음과 보라
사이의 어떤 색으로[24] 표현된다. 그래도 토마토를 높이 던지는
행위가 '자, 다시 한 번!' 하는 새로운 시도의 반복을 표현한다
면, 그것이 '붉게 익어 흘러내린다'는 말은 피인지 성숙인지
알 수 없는 어떤 정서적 중간지대로 인도한다. 정서적 반응은
충분히, 어쩌면 반복하여 표시되었지만, 넘어짐이나 흘러내림
같은 말과 이어진 색깔로 표현되어, 멍인지 피인지 알 수 없는
모호함 속에 상이한 정서를 섞어 모호성의 대기 속에 떠도는

• •
　23. 진은영, 『우리는 매일매일』, 문학과지성사, 2008, 34쪽.
　24. 빨강과 보라 사이엔 가시광선의 모든 색이 포함되어 있다.

감응을 풀어놓는다.

　감정이 하나의 중심 정서를 통해 상이한 정서들을 하나로 통합하는 유기체 내지 주체의 단일성에 상응한다면, 감응은 하나의 중심 정서조차 그것 속에 섞여 들어간 상이한 정서들을 통해 흩고 혼합하는 신체의 복합성과 상응한다. 하나의 감정 안에 존재하는 수많은 정서적 반응들은 하나의 신체 안에 존재하는 수많은 부분—신체들의 정서적 반응이다. 물론 이 부분—신체들의 정서적 반응 역시 다시 재분할되어야 한다고 하겠지만 말이다. 굳이 정서와 감정, 감응이란 말을 구별하고 감정에 대비하여 감응을 강조함은, 의식에 의해 포착되는 감각적 표상의 단일성에서 벗어나고, 그 단일성을 변화와 이행 속으로 끌고 들어가 다른 정서들이 그 단일성의 힘에서 벗어나게 하고자 함이다. 단일한 신체적 표상 속에 갇혀 있는 수많은 힘과 의지들에게 그 자율성을 돌려주기 위해서다.[25]

　김언희의 시 「어어떤 귀」는 '나'라고 생각되는 자아를 갈갈

• •
25. 니체를 해석하면서 유기체 안에 존재하는 힘과 의지 혹은 '충동'들의 복수성을 강조하는 클로소프스키는 이런 입장을 명확하게 표명한다. "니체는 감응(Affekt)이라는 용어를 취한다. 그것은 [자아 내지 의식이라는] 작인(sûppot, 앞잡이!)의 기만적인 '단일성(unite)'에 종속되어 있으나 그 단일성을 변화시키고 불안정하고 약화되도록 만들 힘들에게 그들의 자율성을 돌려주기 위해서이다."(『니체와 악순환』, 조성천 역, 그린비, 2009, 76-77쪽, 번역어는 일부 수정)

이 찢어 분해하며 시작한다. 이는 '나'라는 자아에 가려 보이지 않는 신체 내 부분—신체들로, 미시적 신체들로 내려가는 것이다.

  나는 내가 나라고 생각하는 어떤
  여자를 속여 갈갈이
  찢은 다음 그
  여자의
  껍질을 둘렀다 보여질 수
  없는 파꽃, 나는 춥다 어떤 손이
  어떤 다리에서 스타킹을 벗겨 내리는 것을 어
  어떤 눈으로 바라본다 있을 수 없는
  파꽃, 나는 내게 무
  무엇일까 오른손이
  부엌칼로 왼
  손을 썬다
  주르륵
  토마토케첩이 흘러
  나온다 피어서는 안 되는 파
  꽃 어떤 입에서 흘러
  나오는 리본 같은

비명을 어, 어,

어어떤

귀로

듣는다.

—김언희, 「어어떤 귀」, 전문[26]

　'나'라고 불리는 신체는 사실 이 무수히 많은 미시적 신체들 각각의 힘과 의지, 혹은 충동들이 섞인 혼합체고, 때론 이 자극으로 모여들었다, 때론 저 지점으로 방향을 바꾸고, 때론 강력하게 모여들었다 때론 서서히 퍼지고 이완되며 분산되는 강도적 흐름의 다양체다. '자아'라고도 불리는 '나'는 이 미시적 다양체를, 그 '나'를 둘러싼 세계의 요구에 맞추어 통합하는 거시적 통합체고, 그럼으로써 신체 전체에 단일성의 가상을 만드는 심급이다. 그 거시적 통합체를 갈가리 찢어 미시적 부분—신체들로 내려감에 따라, 유기체와 외연을 같이 하는 '나'는 그 부분—신체들의 다양체에 두른 껍질이 된다. 우리가 아는 파꽃 각각은 하나의 단일한 꽃으로 보이지만, 유심히 들여다보면 작은 꽃들이 모이며 만들어진 집합체고, 그 작은

· ·

26. 김언희, 『말라죽은 앵두나무 아래 잠자는 저 여자』, 민음사, 2000, 70쪽.

꽃들 또한 더 작은 꽃들로 이루어진 꽃임이 드러나듯이. 대신 파꽃은 "보여질 수 없"게 될 것이다. 미시적 부분—신체로 내려간다 함은 전체 꽃에 가려 보이지 않는 부분—꽃들로 내려 가는 것이다. 이전에는 다른 이웃한 '꽃'들과 결합해 유기체 내지 '자아'의 일부였으나, 이젠 이웃한 부분—꽃들과 구별되는 개체가 되었기에 이웃과 사이에 경계가, 간극이 생긴 것이고, 그래서 '춥다'고 했을 것이다.

　유기체의 입장에서라면 '내 손이, 내 다리에서 스타킹을 벗겨 내리는 것을 내 눈으로 본다'고 하겠지만, 이렇게 부분인 어떤 미시적 신체의 입장에 서게 되면 그 모두를 통합하는 '나'가 사라지고 저기 이웃한 다른 부분—신체들의 움직임으로 보일 것이기에, "어떤 손이 어떤 다리에서 스타킹을 벗겨 내리 는 것을 어떤 눈으로 본다" 하게 된다. 영어로라면 저 '어떤'은 그 자체 '하나'를 뜻하는 부정관사의 뉘앙스를 함축하게 될 터인데, 그 손, 다리, 눈이 유기체의 '일부'가 아니라 각각이 모두 '하나'인 '어떤' 신체를 뜻한다 하겠다. 이처럼 부분—신체 들이 각자 '어떤 하나'가 되면 전체로서의 파꽃은 이제 불가능 해진다. "있을 수 없는 파꽃"이 된다. 나는 그렇게 통합된 전체임을 주장하는 '나'로부터 자율성을 획득한다. 이웃한 다른 나들 또한 그러할 것이다. 자율성을 얻은 부분—신체들은 전체인 '나'에 종속된 '도구organ', 유기체의 존속에 봉사하는

'기관organ'이기를 그치고 자신의 길을 가고자 할 것이다. 종종 이웃한 부분─신체와 충돌하기도 하고 서로 외면하기도 하면서 제 길을 갈 것이다. 오른손이 왼손을 다독이는 경우도 있겠고, 반대로 '칼로 써는' 경우도 있을 것이다.

물론 '자아'는 이런 충돌을 이유로, 다시 전체로, 하나의 통합된 '나'에 복속되길 요구할 것이다. 대체 이래서야 '어떻게 질서가 가능하겠는가?'며, 저 케첩 같은 피가 보이지 않느냐며. 이를 방지하기 위해 너희들은 '나' 같은 대표자를 뽑아 '나'에게 각자의 힘과 의지를, 권리를 맡긴 거라고. 그러나 그것은 유기체의 도구로 돌아가는 길이고, 자신의 자율성을 포기하는 길이다. 파꽃으로 돌아가선 안 된다, 파꽃이 "피어서는 안" 된다. 아마도 유기체의 전체성을 주장하며 통합하고자 하던 '나'는 자기 뜻대로 되지 않는 이 미시적 신체들의 힘과 움직임에 비명을 지르게 되지 않을까? 그러나 나는 이미 그 '나'이기를, 유기체의 일부이기를 그쳤으니, 그 비명은 그래봐야 '내'가 지르는 게 아니라 '어떤 입'이 지르는 소리고, 그걸 듣는 건 '내'가 아니라 '어떤 귀'다.

'어떤 귀'가 아니라 '어 어 / 어떤 귀'라고 더듬는 말로 쓴 것은 '하나'일 거라고 생각했던 어떤 귀가 정말 하나인지 묻는 지점까지 내려갔기 때문일 것이다. '내'가 실은 수많은 나들의 집합임을 보았고 파꽃이 수많은 부분─꽃들의 집합임을 보았다면, 눈이나 귀도 또한 그 아래 수많은 부분들의 집합임이 보이게 될 것이다. '어떤' 눈이 보았다고 하지만, 실은 수많은 광수용체 세포들의 미세지각들이 모여서 본 것이고, '어떤' 귀가 보았다고 하지만 고막, 반고리관, 달팽이관 등을 거쳐 수많은 청신경의 미세지각이 모여 들은 것이니, 어떤 눈, 어떤 귀라는 말이 더는 부적절하게 여겨진 것이다. '하나'의 '어떤' 귀임을 확신할 수 없으니 '어 어 / 어떤' 하고 더듬으며 말하는 것이다. '나'나 파꽃에 관해 자신이 했던 말이, 파꽃 속의 작은 파꽃인 자신에게 되돌아오리라는 걸 예감하면서 느낀 곤혹의 표현일 것이다.

4. 감응의 친구들

감응이란 개념은 관련된 이웃 개념들을 갖는다. 그런데 이에 대해 쓰기 전에, 이미 충분히 논란이 된 바 있는 원래 개념의 번역에 대해, 그 번역어로서의 '감응'에 대해 다시 간단히 언급하고 싶다. 알다시피 '감응'이란 말은 스피노자가 사용했던 affectus / affect란 말로부터 나왔다. 사람에 따라 '정서', '감정', '정동' 등의 말로도 번역하지만, 내가 '감정'이라고 번역하지 않는 이유는 방금 감정과 감응의 차이에 대한 서술로 충분히 이해되었으리라고 믿는다. '정서'라는 말은 흔히 사용되는 무난하고 익숙한 말지만, 신체적 능력의 증감이라는 동적인 작용을 담기 어려우며, 특정한 심적인 상태를 표시하는 말이란 점에서 감응이란 말로 표현하려는 사태를 표현하기에 부족하며, 바로 그 이유 때문에 감정이라는 대조적 개념과의 대비를 충분히 표현하기 어렵다. 감응이란 말로 표현하려는 핵심적인 뉘앙스가 익숙한 단어의 무난함 속에 묻히고 마는 것이다. '감응'이란 그 정서들 사이의 이행이고, 그 정서들의 혼합으로 이해되어야 한다. 다른 한편 일본어 번역을 그대로 차용한 '정동'이라는 말은 정서의 움직임을 표현하는 데는 유용하지만, 한국어의 한자어법과 거리가 너무 멀어서 한자를 표시하지 않으면 이해할 수 없고, 번역어의 원래 단어를 떠올릴 수 있는 사람들 아니고선 개념적 효과를 갖기 어렵다. 이미 감응의 문제를 다룬 몇몇 번역서에서 사용되면서 꽤나 널리 사용되고 있지만, 아무리 들어도 번역된 원문을 상기시키는 것 이상의 언어적 효과를 갖지 못한다.

번역된 원래 단어를 상기시키는 기능에 머문다면, 그것은 '개념'이 될 수 없다. 그런 것으로 충분하다 믿는다면 굳이 '정동'이 아니라 '베부'나 '밍칭'이라고 써도 아무 상관이 없을 것이다. 그 말 또한 습관이 되면 원문을 상기시키는 데 충분할 것이기 때문이다. 사실 우리는 이런 식의 번역을 떠받치고 있는 역사를 갖고 있다. 이를 가장 잘 보여주는 예는 데카르트의 'clair et distinct'를 번역한 '명석판명明晳判明'이란 말이다. 내포의 '명료함clear'과 외연의 '뚜렷함distinct'을 표시하는 아주 쉬운 단어지만, 전공자 아니면 알아들을 수 없는 심오한 말이 된 이 번역어는, 그다지 유구하지 않지만 그래도 '전통'이 된 덕분에 전공자들에게는 원문을 상기시키는 기능을 충분히 하는 것 같다. 익숙함을 이유로 그대로 사용되고 있는 이 번역어는 무슨 말인지 알아들을 수 없을 뿐 아니라, '똑똑함'과 관련된 '명석'이란 말, '판명되다'란 말을 떠올리게 하는 번역어인지라, 부적절한 의미를 표상하게 하는 최악의 번역어다. 이런 식의 번역어는 전공자의 가정된 지식 없이는 무의미하다는 점에서 '전문가'들만의 전유물인데, 이런 단어는 오해의 여지가 없는 경우에조차 원래의 개념을 전공자들 간의 호구 — 밥벌이 수단 — 로 만들어버린다. 원문을 아는 이들의 관습적 익숙함만을 이유로 존속을 유지하는 이 번역어는, 유학 갔던 '내지內地' 일본의 단어를 자국의 언어로 번역할 능력도 없었고 그럴 생각도 하지 못한 채 아무 생각 없이 일본어를 한국어 한자 발음으로 '번역'했던 3류 '철학자'를 비조(!)로 하는 불행한 식민지 역사의 산물이다. '정동'이란 번역어는 철학의 개념 번역에서 여전히 지속되어 있는 이러한 식민주의의 전통이 여전히 지속되고 있음을 잘 보여주는 탁월한 사례 중 하나라

하겠다.

　개념이란 단지 어떤 철학자의 이론을 표현하는 용어term가
아니라, 그 개념만으로도 사람들의 사유나 삶 속에 파고들어가
무언가를 근본적으로 바꾸어놓는 효과를 갖는 독자적인 말을
뜻한다. 그런 의미에서 삶을 바꾸는 '무기'가 될 수 있는 말이
개념이다. 우리는 가령 '차이'나 '공동체', '특이성', '유목',
혹은 '미세지각', '힘에의 의지' 같은 개념에 익숙해지게 됨에
따라 사고와 삶이 이전의 그것에서 이탈의 선을 그리기 시작함
을 안다. 번역된 원문을 상기시키는 말로는 이처럼 힘을 갖는
'개념'이 되지 못한다. 그것은 그저 어떤 이론의 전공자들이
사용하는 전문용어term가 되고 만다.

　번역을 할 때에도 원문의 외연과 최대한 대응하는 단어보다
는, 원래의 개념을 통해 작동하는 개념적 효과가 최대한, 가능
하다면 원래 용어 이상으로 사고와 삶을 바꾸어놓을 수 있는
단어가 더 좋다고 보이는 것은 이 때문이다. 가령 데리다의
différance를 소리로 구별되지 않는 문자 상 차이를 표시한다면
서 '차이'라고 번역하는 것으론 '정확함'을 얻을 수 있을지
모르나 다른 개념어인 '차이'와 구별되는 고유한 개념적 힘을
가동시키는 데는 오히려 '차연'이라는 말이 더 낫다는 생각이
다. 개념어를 처음 만드는 것과 번역어를 선택하는 것은 같지
않은 것이다. 번역이란 의미가 상응하는 적절한 대응물을 찾는

것이 아니라(정확한 대응물로 번역하는 것의 불가능성은 이미 많은 이들이 지적한 바 있다), 다른 언어로 변환된 텍스트가 원작자의 문제의식을 최대한 유효하게 가동시키도록 하는 작업이다. 그렇기에 개념의 번역은, 물론 할 수 있으면 원래 단어의 의미를 충분히 살려야 하지만, 그 개념이 번역된 언어의 세계 속에서 독자적인 생명력을 갖도록 하는 방향으로 진행되어야 한다. 즉 개념어의 '번역'은 사실 철학자가 개념을 '창조' 할 때와 마찬가지 관점에서 진행되어야 한다. 즉 원문의 '등가물'을 찾는 게 아니라 애초 개념의 효과를 표현하기 위해 적절한 말을 '창안'하는 것이 되어야 한다. 가령 현상학 개념인 Intention을 원래 단어와 거리가 먼 '지향성'이라고 번역하는 것이 '허용되는' 것은 이런 이유에서일 것이다(나는 tention^{당김} 이란 말이 들어가는 다른 개념어^{retention, protention}를 고려하면, '안으로–당김'으로 번역하는 것이 더 낫다는 생각이지만).

그렇기에 가능하면 번역어는 사람들이 사용하는 말들 속에서 취하는 것이 좋으며, 그것으로 부족할 땐 전문가가 아니어도 이해할 수 있는 조어법에 따라 적절하게 변형시키는 것이 좋다는 생각이다. 흔히 사용되던 말에 독자적인 의미와 무게를 부여하는 것, 그런 말을 생각지 못했던 어떤 의미를 담은 말로 만드는 것, 혹은 있긴 하지만 흔히 사용되지는 않는 말을 끄집어 내 거기에 새로운 생기를 불어넣는 것, 통상적인 말의 일부를 다른 의미의 말(가령 다른 한자)로 바꾸어 익숙한 어법 속에 생소한 의미를 밀어 넣는 것 등등. 그렇기에 때로는 정확한 말보다 외연의 차이로 인해 원래 의미에 더해 다른 의미마저 담아내거나 다른 연관된 말들로 증식될 수 있는 말이 더 나은 경우도 있다. 또 하나, 번역된 개념어가 언어적인 매력을 갖도록 해야 한다. 처음엔 생소함이나 거리감이 있지만 볼수록 입에 달라붙어 자꾸 입술을 움직이고 손가락에 달라붙어 글이 되어 나오게 해야 한다. 개념어의 어감이 좋아서라도 자꾸 사용하고 싶도록 만들어야 한다. 들뢰즈/가타리의 개념인 plan de consistance를 번역한 '고름판'이란 말이나[27] 현상학 개념인 retention을 번역한 '파지把持'라는 말은[28] 정확성 여부는 그만

27. 말난 김에 덧붙이면, consistance를 어원을 살려 공존, 공속이라 번역할 수도 있겠지만, 들뢰즈/가타리 저작에서 consitance는 단지 어떤 요소들이 공존하거나 공속함을 뜻하지 않는다. 그 말은 '이질성을 그대로 둔 채 하나로 묶음'을 뜻하는데, 여기서 '하나로 묶음'이 중요하다. 가령 존 케이지의 <프리페어드 피아노를 위한 작품>에 대해 그들은 공존 내지 병치된 요소들이 하나로 묶이지 않은 채 병치되어 있을 뿐이란 점에서 '일관성을 획득하지 못했다'고 비판한다. '공속'은 '존재와 존재자의 공속'이라는 하이데거의 개념처럼 이질성을 묶는 게 아니라 '본래적 공속'을 함축하기에 부적절하다.

28. 이 말은 통상 군대에서 물건이나 총을 잡는 것을 지칭할 때 쓰이는데, 이 역시 필경 일본에서 온 번역어로 보인다. Retention과 대쌍 개념인 Protention은 '예지(豫持)'라고 번역되는데, 이는 한자 없이 사용하면 '예지(叡智)'나 '예지(豫知)'라는 말로 오해되기 쉽다는 점은 그만 두고, 굳이 안 쓰던 말을 한자어를 이용해 만들고자 했다면, 잡을 '지(持)'를

두고, 이 미적 가치의 측면에서 매우 취약함을 갖고 있는 경우라고 하겠다.

이런 이유에서 '정동'이란 말은 원문을 상기시키는 것이면 충분한 '전공자'들 사이에서 사용하도록 두고, affect라는 말로 스피노자나 들뢰즈 같은 철학자가 우리의 사유와 삶 속에 밀어 넣고 싶었던 것을 유효하게 표현할 수 있는, 말 그대로 '개념'이 될 수 있는 말로 재창조하는 것이 필요하다는 생각이다. '감응'이란 말은 흔히 쓰는 말은 아니지만 이미 한국어 안에서 사용되고 있는 말이어서 한자 표기 없이도 충분히 알아들을 수 있는 말이다. 잘 알지만 흔하지는 않아서 유심히 듣게 하는 효과를 갖는 말이다. 더구나 그 언어적 의미는 '감지된 촉발'과 '그에 응한 반응'을 담아낸다는 점에서 촉발에 따른 신체적 변화의 역동성을 표현하기에도 충분하다. 감정 같이 유사한 계열의 개념과 상관적이지만 그것과의 차이를 표시하기에 좋다는 점에서도 매우 유효하다.

• •

> 대구(對句)로 파지와 짝을 이루고자 했던 것이니 파지는 파지가 아니라 '재재(再持)'가 되어야 했다는 점에는 생각이 미치지 못했던 것 같다. 현상학적 맥락에서 약간 엄밀하게 따져 보자면 Retention이나 Protention에서 tention은 '잡다, 가지다, 유지하다'보다는 '당기는' 작용이다. 지나간 것을 '다시-당기고', 아직 오지 않은 것을 '미리-당기는' 작용을 통해 운동을 구성하는 '시간의식'이기에 '당김'이라 번역하는 것이 더 적절하다고 보인다.

좀 더 좋은 것은 이 개념이 관련된 다른 개념들로 증식될 수 있다는 사실이다. 즉 원래 말인 affect로 표현하고자 하는 것을 충분히 담아내면서도 새로운 개념들로 확장되면서 독자적인 개념적 발전을 할 수 있는 말이란 점에서 '개념의 창조'로서의 철학이란 관점에서 보면 차라리 affect보다도 좋은 개념이란 생각이다. 감응은 두운처럼 하나의 계열임을 표시해주는 말 — 감感 — 로 일련의 다른 단어들과 이어져 있기 때문이다. 그렇기에 감응이란 개념에 기초하여 이 말들마저 개념적으로 정의해 사용할 수 있으며, 이 경우 이 일련의 개념들은 감응 인근의 다른 사태를 표현할 수 있다. 일단 나열하자면, 이미 언급한 감정뿐 아니라, 감흥, 감동 같은 말들, 그리고 감수/감수성, 감각, 감화, 감염 같은 개념이 그것이다.

 먼저 촉발하는 힘들에 반응해 신체 안의 미시적 힘들이 리듬적으로 동조synchronization되며 어떤 리듬적 일관성을 갖게 될 때, 그리하여 외부의 신체와 '하나처럼' 움직이게 될 때 감응은 감흥感興이 된다. 이미 스피노자는 모든 신체적 속성의 양태들이 공통적으로 가질 수 있는 빠름과 느림을 통해 '공통관념common notion'을 가질 수 있으며, 이를 통해 신체는 연동되어 움직이는 다른 신체와 리듬적 일체성을 가질 수 있음을 '증명'한 바 있다.[29] 이는 별개의 신체들이 리듬적 동조를 통해 '하나처럼' 움직이며 하나의 신체로 서로 물려 들어가는 결과를 낳는다. 확장된 신체가 거기서 출현한다. 대중들이 노래와 음악을 통해 리듬적으로 동조되어 하나의 집합적 신체를 형성하는 경우가 그렇다. 감흥은 이처럼 어떤 촉발에 대한 리듬적 동조가 외부의 신체와 공통관념을 갖고 하나처럼 물려 들어가며 하나로 '연합된' 신체적 움직임을 낳는 현상을 지칭한다.

감흥이 대타적이라면, 감동은 대자적이다. 즉 감흥이 촉발받은 존재자가 다른 외부 신체와 동조되는 것이라면, 감동感動은 촉발 받은 신체 내부의 부분—신체들 사이에서 발생하는 강력한 동조와 결부되어 있다. 즉 감동은 촉발 받은 신체 일부에서의 정서적 반응이 이웃한 부분—신체들로 동조되며 확장되어 개체의 신체 전체로 확장되는 동조작용이다. 다시 말해 어떤 부분—신체를 울리며 밀고 들어온 촉발의 파동이 이웃한 부분—신체로 전염되고 파급되면서 신체 전체를 울리는 파동으로 동조되는 작용이다. 이 때문에 감응은 상이한 정서적 반응들이 섞여 모호성을 갖지만, 감동은 신체 전체적인 동조로 인해 발생하는 단일한 리듬으로 인해 감정과 가까워진다. 신체 전체를 관통하는 강한 감동의 파동은 눈물이나 흥분같이 감정적 단일성과 유사한 정서적 반응을 동반한다. 다만 감동은 그러한 정서적 반응의 이유를 하나로 집어 말할 수 없는 모호성

29. 스피노자, 앞의 책, 2부 보조정리1-7(82-86쪽).

을 갖고 있다는 점에서 감정과 구별된다.

감화感化 또한 외부자에 의해 촉발 받은 신체가 촉발한 신체에 동조되는 현상이란 점에서 감흥과 유사하지만, 감흥이 밀려들어오는 파동에 말없이 리듬적으로, 신체적으로 동조되는 현상이라면, 감화는 언어를 동반하는 촉발에 의해 외부자에 동화되는 현상이다. 물론 감화는 촉발자의 언행을 보고 이루어지는 경우가 많지만, 그럴 때에도 대체로 말이나 생각, '이념'이나 개념 등에 대한 수용이라는 양상으로 진행된다. 약간 단순화하자면, 감흥이 말없이 발생하는 동조라면, 감화는 말을 통해 발생하는 동화다. 간단히 덧붙이면, 감수感受는 감응을 야기하는 촉발 내지 자극을 수용하는 작용이고, 감각感覺은 수용기관에 따라 분석적으로 식별된 감수작용이다. 감염感染은 이웃한 신체의 감응을 감지하여 그것을 모방하며 퍼져가는 작용이다.

5. 감흥의 시학

『이카이노 시집』에 있는 김시종의 시 「노래 또 하나」는 리듬적 반복구가 읽는 이들의 신체에 감흥을 야기한다는 점에서 뿐 아니라, 시 안에 있는 신체들이 그 반복구를 통해 감흥하며 서로 맞물려 움직이듯 연결되고 연합되는 양상으로 진행된다는 점에서 감흥 개념의 탁월한 용례를 보여주는 멋진 작품이다.
시는 일단 그 반복구 '두들겨준다'를 반복하며 시작한다.

두들겨준다.
두들겨준다.
분주함만이
밥의 희망이지.

마누라에 어린것에
어머니에 누이.
입에 고이는 못[1]을, 땀을
뱉고 두들기고
두들겨댄다.

일당 오천 엔
벌이
열 켤레 두들겨
사십 엔.
한가한 놈은
계산해 봐!

　　　　　　　　　　-김시종, 「노래 또 하나」 부분[30]

'두들기다'의 반복구를 통해 먹고살기 위한 동작의 반복이, 그 동작의 분주함이, 그로 인해 흘리는 땀이 읽는 이의 몸을 흔들면서 파고든다. 처음부터 리듬적 동조가 강력한 진동을 만들어낸다. 그리곤 그 분주한 두들김을 박한 일당의 허탈한 가격으로 받지만, '한가한 놈은 계산해 봐!'라는 유머감각은 저하하는 반응을 멈추고 다시 올라가게 돌려놓는다. 연민의 감정 대신 분주함과 허탈함, 무력감과 유머가 섞인 감응을 거기서 본다.

두들기고 나르고
쌓아 올리고
온가족이 달려들어 살아간다.
온 일본의 구두 밑창
때리고 두들겨
밥으로 삼는다.

두들기고 두들기고

30. 김시종, 『이카이노 시집, 계기음상, 화석의 여름』, 도서출판 b, 2019. 이하에서 이 시의 인용 표시는 생략한다.

두들겨댄다.
있으면서 없는 우리
도망치는 계절에
이 시름 두들기고
두들겨댄다.

　　다음 연에서 '두들기고 나르고'로 이어지는 리듬은 쌓아올
리는 동작과 함께 '달려드는' 온가족으로 퍼져가고, 이는 어느
새 때리고 두들겨줄 '온 일본의 구두 밑창'으로 확장된다.
두들긴다는 말의 파동에 구두가, 가족이, 온 일본의 구두 밑창
이 리드믹하게 동조되면서, 분주함에 기이한 흥겨움이 감흥하
며 섞여들어 간다. 그 반복구를 따라 우리의 신체도 흔들리며
그 감흥에 전염된다. 그리곤 다시 그 말은 도망치는 계절,
분주히 흘러가는 시간에 쫓기며 시름으로 이어지지만, 두들겨
대는 반복구는 그 시름을 두들기는 것으로 어느새 '자연스레'
넘어가버린다.

봄에 가을신발 두들겨 박고
겨울 지나면
보릿고개 !
온가족의 벌이가 어떻든

경기景氣 하나로
말라버리니.
그래서 서둘러
두들겨댄다.

두들기고 두들기고
두들겨댄다
석유 벼락부자 살찌운
정치라는 걸 두들겨 박는다!

   그 시름은 보릿고개나 살림을 말라버리게 하는 경기景氣로
이어지는데, 그래서 서둘러 그 경기를 두들긴다. 두들기는
와중에 '경기'라고 통칭되는 시름의 이유가 등장했지만, 이
통칭 뒤에 숨은 것을 두들겨 끄집어낸다. "석유 벼락부자 살찌
운 정치라는 걸" 끄집어내 두들겨 박는다. 이제 두들김은 단지
시름이나 허탈함이 아니라 답답함이나 분노로 어느새('서둘
러') 바뀐다. 빈 행을 사이에 두고 네 번 연이어 두들긴다,
두들겨대고 두들겨 박는다.

어째서 우리는
이 모양인지.

남에게 밟혀 밥이 되는

그런 일로 사는 것인지.

발등 쪽부터 눌러주고

두들겨준다.

두들겨준다.

바닥의 밑창까지

두들겨준다!

　그 분노와 답답함은 두들기는 남의 구두에 밟혀 밥이 되는
자신의 삶에 대한 한탄이 되지만, 다음 연에서는 어느새 구두를
눌러주고 밑창까지 두들겨주는 것으로 이를 뒤집어버린다.
아주 상이한 정서 사이를 이렇게 빠르게 넘나들 수 있는 것은
바로 저 '두들겨준다'는 말이 이 모두를 아주 '자연스레' 하나로
묶어주기 때문이다. '두들겨준다'에서 나오는 감흥의 힘이
아주 다른 것들 사이를 횡단하게 해준다.

　한탄과 분노, 답답함과 허탈함이 섞인 감응은 "뼈가 운다고
/ 어머니는 울고 / 아버지는 묵묵히 / 불단 위에"라며 강한 원
통함의 정서로 이어진다. 이는 그리 고생하고 살았지만 나가
야[31] 방 두 칸 간신히 얻고 돌아가신 아버지에 대한 원통함으로
강한 톤으로 증폭된다.

두들기고 더듬고
두들겨댄다.
원통한 아버지를
두들겨댄다.

삼십 년 버티어
방 두 칸의 나가야長屋.
죽은 아버지가
겨우 얻어낸 것이지.

두들기고 두들기고
두들겨 박아
풀어지지 않으려나
뼈의 심사心事여.

두들겨준다.
두들겨준다.

• •

31. 얇은 벽으로 칸을 막아서 여러 가구가 살 수 있도록 길게 만든 집.
   우리로 치면 닭장집이나 쪽방 비슷하게 방이 다닥다닥 붙은 빈약한
   집이다.

일본이라는 나라를
두들겨준다.
홀로 남겨진
조선도.
가 닿으라고
두들겨준다!

　그러나 아버지에 대한 원통함이 어디 아버지의 탓이기만
하랴. 그것은 어느새 그토록 분주하게 온 일본의 구두를 두들겨
댔지만 겨우 그것밖엔 얻지 못했던 아버지의 원통함으로 전환
된다. 두들기고 두들겨도 풀어지지 않을 뼈에 새겨진 원통함의
심사로, 그 심사를 이어받아 일본이란 나라를, 조선이란 나라를
두들겨준다. 이 원통함이 거기까지 가 닿으라고 두들겨준다.
그 뒤에 걸핏하면 조선인 잡아넣는 철창 우리도 두들겨주고,
악마 같은 놈들, 거기 돈대주는 놈들, "힘겨운 살림. 나쁜 거래"
를 두들겨준다. 우리의 신체도 고개를 흔들면 어느새 감흥한다.
이 두들겨줌의 감흥은 또 다른 것들 사이를 횡단하며 계속
이어지는데, 마지막에 가서 이렇게 끝난다.

두들겨준다.
두들겨준다.

산도 보고 싶다.
바다도 보고 싶다.
아버지의 고향
가보고도 싶다.
이 손가락 부수고
잠에 취하여
멍하니 푸른 하늘
바라보고 싶다.

그걸 못 한다.
책망도 하지 않는다.
두들겨 두들기고
두들겨 박고
골목길 해는 지고
벌이는 아직이다.
우리도 격자에
사로잡힌 삶이다.

두들기고 있다.
두들기고 있다.
푸념할 틈도 없다

울지도 않는다.

두들겨주는 것이다.

두들겨준다.

두들겨준다.

두들겨준다.

아버지의 고향에도 가보고 싶고, 쉬면서 멍하니 푸른 하늘 보고도 싶지만 그걸 하지 못한다. 아쉽지만, 그렇다고 누굴 탓하거나 책망도 하지 않는다. 어느새 해는 지는데 해야 할 일은 아직 끝나지 않았으니 다시 분주하게 두들겨야 한다. 푸념할 틈도 없고 울 틈도 없다. 두들기고 두들겨댈 뿐이다.

아주 상이한 정서들을 놀라운 속도로 섞으면서 분주히 구두를 두들기며 살아야 하는 이의 감응을 멋진 하나의 연속체로 만드는 것은 '두들겨준다'라는 말이다. 그렇게 섞이며 이어지는 것은 내용상으로는 그것들이 어떤 식으로든 '두들겨준다'와 이어진다는 공통점 때문이지만, 동시에 반복이 만드는 리듬적 어구가 야기하는 감흥의 힘 때문이기도 하다. 이 힘을 따라 리듬적 동조는 하나의 신체에서 이웃한 다른 신체로 옮겨가고 확장된다.

반복되는 리듬적 문장을 통해 감응을 감흥으로 고양시키는 양상을 탁월하게 보여주는 또 다른 사례는 파울 첼란의 유명한

시 「죽음의 푸가」다.[32] "새벽의 검은 우유 우리는 마신다 저녁에"로 시작하는 이 시는 대명사와 부사를 추가하거나 바꾸는 방식으로 거의 모든 연에서 위치를 바꾸어 반복되는데, 불길함의 감응을 담은 이 시구의 반복은 시를 읽는 자의 신체를 공중에 파는 무덤 속으로 끌고 간다. 이 반복구와 대비되는 또 다른 시구가 대칭적인 양상으로 거의 모든 연에서 반복된다. "한 남자 살고 있다 그는 뱀을 가지고 논다"를 조금씩 바꾸어가며 반복되는 이 구절 역시 불길함의 도달점을 검은 우유로 소급시키며 불길함의 감응을 리드믹하게 감흥으로 고양시킨다. 이 정도는 아니지만 다른 문구와 결합되며 반복되는 문장들, 가령 "너의 금빛 머리카락 마르가레테", "너의 재가 된 머리카락 줄라미트", "무도곡을 연주하라" 또한 불길함이나 두려움과 상반되는 방향에서 불길함과 두려움을 증폭시키며 감흥으로 고양되는 감응을 형성하며 말려든다.

기쁨이나 즐거움뿐 아니라 분노와 설움, 불길함과 두려움에 마저 말려들어 '춤추게' 하는 감흥의 작용은 이런 유형이 작품에서만 볼 수 있는 것은 아니다. 이는 어쩌면 반복구의 사용으로 인해 노래와 식별불가능하게 섞여드는 오래된 전통적 시들 모두에서 발견되는 것이다. 예컨대 청산별곡의 후렴구 "살어

• •

32. 파울 첼란, 전영애 편역, 『죽음의 푸가』, 민음사, 2011, 40–42쪽.

리 살어리랏다 / 청산에 살어리랏다 / 머루랑 다래랑 먹고 / 청산에 살어리랏다"나 '아리랑'이란 말의 변용으로 이루어진 아리랑의 다양한 후렴구들은 듣고 있던 이들을 감흥의 집합적 신체로 끌어들이는 리듬적 반복구다. 시적 리듬을 만드는 '라임'이라는 요소 자체가 사실은 반복되는 소리를 통해 감응을 감흥으로 끌고 가는 것이라고 해야 한다. 그렇다면 시란 감응의 힘을 감흥으로까지 고양시키기 위해 리듬적 반복을 사용하는 형식을 그 본질적 성분으로 한다고까지 해도 좋을 것이다.

'라임'이라는 강한 형식적 제약이나 '후렴'이라는 길고 명백한 반복구는 아니라 해도 국지적으로 부분적인 반복구는 전통적 시와 결별한 '모던한' 시를 쓰는 시인들 역시 흔히 사용하는, 낯선 문장으로까지 우리를 끌어들이는 감흥의 반복구다. 예컨대 쉼보르스카의 시 「만일의 경우」는 바로 이웃한 문장의 변형된 반복을 통해 감흥의 작용을 만들고자 한다.

> 일어날 수도 있었어.
> 일어나야만 했어.
> 일어났어, 너무 일찍, 혹은 너무 늦게,
> 너무 가까이, 아니면 너무 멀리서
> 일어났어, 네가 아닌 다른 누군가에게

너는 살아남았지, 맨 처음이었기 때문에.

너는 살아남았지, 제일 마지막이었기 때문에.

혼자였기 때문에. 사람들이 있었기 때문에.

왼쪽으로 갔기 때문에, 오른쪽으로 갔기 때문에.

비가 왔기 때문에. 그늘이 드리웠기 때문에.

날씨가 화창했기 때문에.

운 좋게도 거기 숲이 있었어.

운 좋게도 거기 나무가 없었어.

운 좋게도 철로, 갈고리, 대들보, 브레이크,

문설주, 갈림길, 일 밀리미터, 일 초가 있었어.

운 좋게도 지푸라기가 물 위에 떠다니고 있었어.

-「만일의 경우」, 부분[33]

김수영의 유명한 시 「꽃잎」이나 「풀」 같은 작품에서도 이는
유사하게 사용되는 방법이다. 「꽃잎 1」은 1연에서 "많이는
아니고 조금"은 2행 뒤에서 "옥수수잎이 흔들리듯 그렇게
조금"으로 반복되고, 이는 2연에서 "즐거움을 모르고 조금"으
로 반복되며 '조금'의 감응을 감흥으로 이끈다. 3연에서는

33. 쉼보르스카, 최성은 편역, 『끝과 시작』, 문학과지성사, 177쪽.

3행 이후의 시행이 "꽃잎 같고", "혁명 같고", "큰 바위 같고", "꽃잎 같고"로 반복되며 음악적 리듬을 형성한다. 「꽃잎 2」 또한 1연의 반복구 "꽃을 주세요"는 2연의 반복구 "노란 꽃을 주세요"로, 3연의 반복구 "노란 꽃을 받으세요"로 이어지고, 4연에서는 "꽃을 찾기 전의 것을 잊어버리세요"의 반복구로 넘어가며 5연에서는 "믿으세요"의 반복구로 이어진다. 「풀」에서 각 연을 시작하는 문장 "풀이 눕는다"는 반복되며 마지막 문구 "풀뿌리가 눕는다"로 이어지며 풀이란 말에 응결된 감응을 감흥으로 고양시킨다.[34]

반복을 통한 감흥의 기법은 리듬의 명시적 형태가 사라진 산문시에서 시적인 감흥의 최소치를 유지하는 기능을 하기도 한다. 혹은 공감을 통해 얻어지는 쉬운 감흥과 달리 쉽게 공감하기 힘든 당혹스런 문장들에 읽는 이들을 끌어들이기 위해 사용된다. 로트레아몽은 당혹스런 잔혹에 독자들을 끌어들이기 위해 이런 방법을 이용한다. 가령 『말도로르의 노래』 세 번째 노래의 둘째 시는 어린 아이를 강간하여 참혹하게 살해하는 '난감한' 내용이다. "돌멩이처럼 발가벗고, 그는 어린 소녀의 몸을 덮쳐, 옷을 걷어 올리고 추행을 저지른다. … 백주의 태양 아래! (중략) 지나가는 사람이 아무도 없는 것을 보고,

• •

34. 김수영, 『김수영 전집 1』, 민음사, 2018(3판), 364-366 및 388쪽.

불도그에게 위라애 턱을 조여 피에 젖은 소녀를 교살하라고 명령한다. (중략) 아이의 신음이 동물의 눈물과 결합한다."[35] 이유를 알 수 없는 이러한 잔혹이 시작되기 전 시는 이렇게 시작한다. "여기 미친 여자가 춤추고 지나가면서, 만연히 무언가를 떠올리고 있다. 아이들이 티티새라도 쫓듯이 돌을 던지며 그녀를 쫓아간다." 한쪽 정도 지난 뒤 이는 이렇게 반복된다. "… 그들에게 자기 비밀을 드러내지 않고 죽을 것이다. 아이들이 티티새라도 쫓듯이 돌을 던지며 그녀를 쫓아간다." 그리고 소녀를 처참하게 살해하는 이야기를 2쪽 정도 쓴 뒤 마지막 문장에 다시 적는다. "아이들이 티티새라도 쫓듯이 돌을 던지며 그녀를 쫓아간다." 물론 이 작품에서 반복구는 단지 이 부분에만 고유한 것이 아니라 전반적으로 사용되기에, 내용상의 잔혹을 넘으려는 장치라고만은 할 수 없지만, 적지 않은 부분이 어떤 종류의 것이든 당혹을 야기하는 것이라 하겠기에, 감흥의 기법이 감흥까지는 아니어도 시적 리듬감을 통해 반감의 작용을 완화시키고 있다는 말은 이해하기 어렵지 않을 것이다.

• •

35. 로트레아몽, 황현산 역, 『말도로르의 노래』, 문학동네, 2018, 136–137쪽.

6. 감응의 기념비

신체로 밀려든 촉발은 감응이 되고 그 감응은 신체 안에 침전되고 응결된다. 이후 인접한 사태나 유사한 외부와 만나면, 쉽게 알아보고 다가가 좀 더 강밀한 만남으로 파고들거나, 반대로 감지하는 순간 더 빨리 도망치게 된다. 특히 쾌감을 주는 고양의 감응은, 잊을 수 없는 특이한 감응은 다시 얻기 위해 '원인'을 찾기도 하고, 때론 스스로 그런 감응을 주는 것을 만들어내기도 한다. 잊을 수 없는 감응을 응결시켜 남겨두고 싶다는 욕망, 그 감응을 다른 누군가에게 체험하도록 하고 싶다는 욕망이 있는 것이다. 그 감응을 통해 그것을 알아볼 누군가의 신체에 밀려들어가고 싶다는 욕망, 그런 감응이 스며든 비슷한 신체를 만들고 싶다는 욕망이 있는 것이다. 감응이 인접한 신체에 의해 모방되고 감염되며 그럼으로써 집합적 신체를, 때로는 함께 움직이는 감흥 속에서 거대한 집합적 신체를 형성하게 됨을 우리는 흔히 본다. 이웃의 감응에 감염되며 집합적 신체 속에 밀려들어가고 '대중'이라고 불리는 거대한 신체의 일부가 될 때, 그들과 하나처럼 움직일 때 느끼는 고양감을 우리는 안다. 그럴 때 발생하는 신체적 능력의 비약적 증가는 또 다른 감응이 되어 우리의 신체 안에 새겨지고 침전된다. 이렇게 감응은 반복을 만든다. 기쁨을 주는 것은, 쾌감을 주는 만남은 반복의 욕망을 산출한다.

들뢰즈/가타리가 "예술작품이란 감응의 응결"이라고[36] 하는 것을 나는 이런 맥락에서 이해한다. 예술가가 아니어도, 우리는 자신이 경험했던 어떤 잊을 수 없는 감응을 그저 자기 신체 안에 가두어둘 수 없다. 그 경험이 물리적으로 발생한 실증적 사건에서 온 것이든, 상상력을 덮쳐온 '정신적' 사건이든, 손끝에 휘감겼던 감각적 진동이든, 머릿속으로 파고들던 신체적 울림이든. 예술가는 이런 촉발과 감응에 좀 더 민감하고 섬세한 이들이다. 그들은 그렇게 밀려든 것을 작품으로 만들어 낸다. 작품이란 자신에게 밀려들었던 감응의 응결이다. 예술가는 그 감응을 잊을 수 없어서, 또한 시간이 지나고 환경이 달라져도 그것을 잊지 않기 위해 신체를 갖는 어떤 작품으로 응결시킨다. 자신이 없어도 작품으로 남아 그런 감응으로 누군가를 계속 촉발할 수 있도록. 그 감응이 그렇게 영원히 반복될 수 있었으면 하는 욕망으로.

따라서 작품에 응결된 감응은 분명히 어떤 한 사람의 작가가 경험한 것이라도 그 작가가 아니라 작품에 속하며 작품에 속해야 한다. 감응은 그 작품을 만나 그런 감응을 얻을 '누군가'

----

36. 들뢰즈/가타리, 이정임 외 역, 『철학이란 무엇인가』, 현대미학사, 1995, 234쪽.

의 감응이고, 그런 사람이라면 누구나 감지하게 될 감응이다. 물론 그 모호성으로 인해 결코 같은 방식으로 얻게 될 리 없다고 해도, 응결된 작품의 '물질성'으로 인해 어떤 일관성은 가질 수 있는. 이런 점에서 작품을 만드는 것은 '기념비'를 만드는 것이다. 잊을 수 없도록 기념비를 세우는 것이다. 감응의 기념비를. 그러나 이 기념비는 과거에 있었던 것을 상기시키는 기념비가 아니라, 반복을 욕망하게 하는 어떤 감응으로 누군가를 끌어들이려는 기념비고, 이후 누군가에게 그런 감응을 촉발하려는 기념비며, 그런 방식으로 도래할 어떤 사건이 발생하기를 기다리며 세우는 미래의 기념비다. "일어났던 어떤 일을 함께 기억하고 기념하는 것이 아니라 사건, 즉 늘상 새로워지기만 하는 인간들의 고통, 재창조되는 그들의 항거, 줄기차게 다시 시도되는 그들의 투쟁을 구현하는 확고부동한 감각들을 도래할 청중들에게 위탁하는" 기념비다.[37]

감응의 기념비를 만든다 함은 도래할 어떤 강밀한 만남을 작품 속에 접어 넣는 것이다. 과거의 사건에 대해 쓰고 말할 때조차, 그것은 과거 아닌 미래의 기념비다. 볼로딘의 작품 『미미한 천사들』에 나오는 한 장은 아주 멋지고 강렬하게 만들어진 감응의 기념비다. 묘비 형식으로 씌어져서 기념비임

· ·

37. 같은 책, 254–255쪽.

을 확연하게 느낄 수 있는 작품이다.

　　여기 니콜라이 코치쿠로프, 일명 아르티옴 베시올리가 잠
들다, 여기 그를 구타한 개새끼들과 그를 살해한 개새끼들이
잠들다, 여기 짭새들이 축제를 중단시켰을 때 콤소몰 행진곡을
연주하고 있던 아코디언이 잠들다. ··· 베시올리는 시시한
작가가 아니었고 입으로만 공산주의자 행세를 하는 자가 아니
었고 사무실이나 밀실에 틀어박힌 겁 많은 쥐새끼가 아니었고
아직 경찰에게 맞아 탈골되지 않았으므로 결작은 베시올리가
싸우는 동안 핏속에 떨어졌고 망각되어 계속 거기에 있었다,
여기 베시올리의 글이라고는 퉁퉁 부은 얼굴로 피 흘리던
베시올리가 서명하기를 거부했던 자술서 타자본들과 짧은
텍스트들밖에 읽어보지 않은 간수 새끼들이 잠들다. ··· 여기
독방의 악취 나는 희미한 빛이, 철창의 냄새가, 구타당해 만신
창이가 된 자들의 냄새가 잠들다, 여기 뼈 관절 꺾이는 소리가
잠들다, 여기 자동차가 다가오자 전나무 숲에서 날아올라
울던 까마귀들의 소리가 잠들다. ··· 여기 베시올리의 길들인
까마귀가, 멋진 검은 색의 의연한 암까마귀가, 자동차가 도착
하고 떠나는 것을 보았고 이후 7일간 높은 나뭇가지를 떠나지
않았으며 돌이킬 수 없는 현실을 받아들이고는 날개도 펼치지
않고 땅으로 돌진해 박살난 까마귀 '고르카'가 잠들다···."[38]

여기서 볼로딘은 의연하고 진실하며 용기 있는, 그렇기에 그저 주어진 명령을 집행할 뿐인 눈 먼 '개새끼들'에 의해 고문당하고 죽은 베시올리를 아주 강밀한 감응으로 응결시켰을 뿐 아니라 거기에 그를 죽인 개새끼들, 그들에 의해 연주가 중단된 아코디언, 그를 가두었던 감옥 독방의 냄새와 뼈 관절 꺾이는 소리, 그리고 까마귀 소리를, 그를 지켜보고 같이 죽은 까마귀를 같이 응결시킨다. 그 까마귀의 행동이 표현하는 존경과 우정, 신의를, 그렇게 응결시킨 베시올리를, 자신 역시 죽을 것임을 알지 못한 채 베시올리를 죽였던 '개새끼들'과 같이 묻는다. 아주 이질적인 것들이 모여 만들어지는 강밀한 감응이 거기 묻히며 감응의 기념비가 선다. 아주 특이하고 인상적이기에 결코 잊을 수 없는. 감염과 감흥적 진동을 야기하는 '여기… 잠들다'의 반복구는 이 강밀하고 멋진 문장들은 읽는 이의 눈에서 시작된 감응이 신체 전체로 번지며 감정에 동반되는 신체 작용마저 유발하는 감동으로 이어진다. 이는 과거의 어떤 사건에 대한 말들이고, 그 사건이 일어났을 세계 또한 이미 역사 속에 묻혀버린 지 오래지만, 이 기념비는 지나간 일이

38. 앙투안 볼로딘, 이충민 역, 『미미한 천사들』, 워크룸프레스, 2018, 34–35쪽.

아니라 도래할 미래를 위해 씌어진 것이다. 사회주의 소련 아닌 어떤 곳, 권력과 불의가 진실과 용기, 신의와 우정을 죽이고 더러운 냄새와 처연한 소리와 더불어 그것을 매장하게 될 어떤 곳이라면 어디서든 반복될 미래를 향해 씌어진 것이다. 아니 그런 사건과 더불어 반복되어야 할 어떤 감응을 향해, 도래한 삶을 향해 씌어진 것이다.[39]

작품은 감응의 응결이지만, 밀려들었던 그대로, 있던 그대로 응결되지 않는다. 애초에 감응이란 있는 그대로 재현할 수 없는 모호성을 갖는다. 그것은 작품으로 응결되는 순간, 애초의 것과 다른 것이 된다. 감응의 응결이 자신의 신체를 파고들었던 과거를 남겨두는 것이 아니라, 도래할 감응을, 누군가에게 밀려들어갈 미래를 응결시키는 것인 한, 작가는 다른 신체를 좀 더 강밀하게 파고들어갈 수 있는 것으로 응결시킬 것이다. 그것이 잊을 수 없는 특이성을 응결시키는 것인 한, 작가는 좀 더 잊을 수 없는 양상으로 응결시킬 것이다. 예술가들에게 허구가 허용되는 것은, 아니 작품이란 본질적으로 허구를 창조 하는 것이라고 하는 것은 이런 이유에서다. 허구를 창조한다 함은 자신이 상상했던 헛된 환상을 드러내는 것이 아니라

● ●

39. 시사적이게도 이 작품을 포함하는 『미미한 천사들』 전체는 미래 시제의, 일종의 '공상소설'이다.

자신이 다양한 방식으로 '경험'했던 어떤 감응의 특이성을 좀 더 강하게 증폭시키는 것이고, 그를 위해 있었던 사실마저 변형시키는 작업이다. 허구가 '거짓'이 아니라 진실 이상의 진실이라 함은, 헛된 상상이 아니라 현실보다 더 현실적인 것이라 함은[40] 이 때문이다.

폐지 더미에서 골라낸 어느 책에서 읽었다는, 과거에 체코 귀족들을 처형할 때 사용한 단두대를 목재로 분해해서 지어졌다는 프란체스코회 수사들이 운영하는 병원 얘기를 하면서, 폐지공 한탸는 그 병원에 "한번 보러갈 수도 있겠지" 생각한다. 그러나 곧 생각을 바꾼다. "난 아무 데도 가지 않을 것이다. 그저 눈만 감아도 모든 게 현실에서보다 더 선명하게 떠오르니까."[41] 그 병원이 실제로 있는지 없는지도 어쩌면 크게 상관이 없다 할 것이다. 왜냐하면 귀족들을 처형한 어떤 사건이 목재 형태로 끼어들어간 병원, 여기 나열된 단어들이 계열화되며 만들어지는 특이성의 경험이 문제고, 그런 특이성을 생생하게 상상하도록 하는 감응이 문제이기 때문이다. 그 감응 속에서 도래할 어떤 사건의 예감이 문제이기 때문이다. 탁월한 예술가는 직접 가보는 것보다도 훨씬 더 강밀하고 훨씬 더 생생한

40. 이진경, 「들뢰즈의 예술이론 — 초험적 경험으로서의 예술」, 『파란』 3호, 2016년 가을.
41. 모후빌 흐라발, 앞의 책, 120쪽.

감응을 작품 속에 담아낼 수 있다. 그것을 위한 증폭의 권리, 허구라는 이름의 증폭능력을 갖고 있기 때문이다. 베시올리의 애기를 듣는 '내'가 베시올리의 기념비를 세우는 연인 마리나 쿠발가이의 말이 정확하다고 믿지 않아도 그 진실성을 믿을 수 있다 함은 이 때문이다.

> 마리나 쿠발가이는 '여기 잠들다'라는 말을 할 때마다 자기 이마를 가리켰다. 그녀는 손을 들었고 손가락은 기억이 솟아나는 머리의 특정 부위를 가리켰다. 나는 그 이야기가 세세하게 정확하리라고는 믿지 않았다. 그녀는 두 세기 째 동일한 레퍼토리를 읊으면서 겉멋과 시적 열정으로 매번 전과는 다르게 이야기했기 때문이다. 하지만 떠올린 추억을 수놓기 위해 그녀가 사용하는 천의 품질에 대해서는, 그 진실성에 대해서는 추호의 의심도 없었다."[42]

얼마 후 쿠발가이는 다시 두개골 안쪽을 가리키며 이야기를 다시 시작한다. 이번에는 '첫날 밤'을 반복의 모티프로 하는 이야기다. 언급되는 사실이나 문장은 명백히 이전과는 다르지만 감응으로 분류한다면 명백히 '하나'라고 말할 이야기다.

● ●

42. 앙투안 볼로딘, 앞의 책, 35-36쪽.

할 때마다 달라져도 진실성을 결코 의심할 수 없는 것은 이 감응의 일관성 때문이다.

여기 베시올리의 찢어진 셔츠와 피로 얼룩진 바지가 잠들다, 여기 베시올리를 겁먹게 하지 못한 폭력이 잠들다, 여기 베시올리의 열정이 잠들다, 여기 취조자들 앞에서의 첫 날 밤이, 발 디딜 틈 없었던 첫 날 밤이, 사람들의 육신에 들어 있는 액체가 모조리 흘러내렸던 감방에서의 첫 날 밤이, 치아가 모조리 날아간 한 공산주의자 앞에서의 첫 날 밤이 잠들다, 여기 기차여행의 첫 날 밤이, 그리고 얼음장 같던 기차간에서의 모든 밤들이, 시체들 곁에서 꾸벅꾸벅 졸던 밤들이, 그리고 광기와 접촉한 첫 날 밤이, 그리고 진정한 고독의 첫 날 밤이, 마침내 모든 약속이 이행된 첫 날 밤이, 땅 속에서의 첫 날 밤이 잠들다.[43]

43. 같은 책, 36쪽.

공생의 생물학, 감응의 생태학
— 상호촉발과 감응의 생명이론

최유미

1. 공생 생물학

진핵세포 속의 미토콘드리아는 진핵세포의 호흡을 담당하고, 엽록체는 빛을 이용해서 당과 단백질을 합성한다. 이들은 진핵세포의 생존에 핵심적인 역할을 하는 소기관인 셈이다. 그런데 이 두 기관은 진핵세포의 소기관이라기보다는 세포핵과는 독립적인 생명체라는 가설이 일찍부터 제기되었다. 1905년에 러시아 카잔대학의 메레슈코프스키K. Mereschkowsky는 조류와 식물의 세포들은 두 개의 독자적인 생물들이 영구적인 협력 관계를 맺은 공생체임을 처음으로 제기했다. 그는 엽록체의 기원을 원생생물 속에 들어온 시아노박테리아에게서 찾았는데, 엽록체는 그 주변의 식물 세포들과는 독자적으로 성장, 분열한다는 것을 그 증거로 들었다. 메레슈코프스키의 이 가설은 당시로는 추가적인 실험 결과가 뒷받침되지 않아서 크게 주목받지 못했다. 이 가설이 다시 주목받게 된 것은 1967년에 미국의 생물학자 린 마굴리스Lynn Margulis가 엽록체뿐만이 아니라 미토콘드리아도 자유 생활을 하던 박테리아로부터 유래한다는 가설을 발표한 후부터였다. 전자현미경 등의 새로운 과학 기구의 개발과 분자생물학의 발달은 마굴리스의 가설을 실험적인 증거로 뒷받침해주었다. 마굴리스의 가설을 요약하면 이렇다.

박테리아와 고세균들만 있는 원시지구에서 이들은 서로가 서로를 먹었다. 그것은 일상적이었다. 그런데 잘 먹는 것들은 덩치가 너무 커서 잘 움직이지 못하고, 잘 움직이는 것들은 그 뛰어난 활동력 때문에 덩치를 키울 틈이 없었다. 서로의 능력 부족이 서로가 서로를 모두 먹어치워 버리는 파국을 막아주고 있었다. 그러던 어느 날 덩치 큰 고세균이 날랜 박테리아를 먹었지만 소화를 시키지 못하는 불상사가 발생했다. 그런데 이 느닷없는 실패가 다른 관계를 만들어낼 수 있는 틈을 열었다. 이 둘은 더 이상 파국으로 치달리지 않고 각자를 자신의

부분과 융합시킬 수 있게 되었다.[1]

세포 내 공생을 주장한 마굴리스의 이 논문이 무려 15군데의 학회지에서 게재 거부를 당했다는 것은 유명한 일화다. 그의 주장은 전통적인 진화론과는 아주 다른 이야기를 하고 있었기 때문이다. 전통적인 진화론에 따르면 생물의 다양성은 세대를 거듭하는 차이의 누적이 계통수의 분기로 나타난 결과이다. 그러나 마굴리스는 분기가 아니라 융합을 통한 진화가 생물다양성의 원동력임을 주장한다. 세포 내 공생에 대한 마굴리스의 이 가설은 지금은 생물학 교과서에 정설로 실려 있고, 마굴리스의 가설을 뒷받침하는 많은 후속 연구들이 이어지고 있다. 마굴리스는 『종의 기원』 출판 150주년 기념 심포지엄에서 모든 생명이 공통의 조상을 공유한다는 다윈의 통찰을 칭송하면서 이렇게 연설했다.

그것은 다윈의 뛰어난 통찰이고, 우리는 칭송한다. 하지만 계통수가 올바른 토폴로지라는 개념은 매우 잘못된 것이라고 생각한다. … 계통수라는 것은 하나의 공통조상으로부터 계통들이 분기를 거듭한다는 것을 상정하기 때문이다. … 한 가지

1. 도리언 세이건 외, 이한음 역, 『린 마굴리스』, 책읽는수요일, 2015, 31–35 쪽.

에서 다른 가지로의 유전 물질의 이동은… 그 토폴로지를
그물로, 웹으로, 그리고 더 이상 계통수가 아닌 것으로 만든다.[2]

전통적인 진화론이 주장하는 토폴로지는 하나의 뿌리에서
출발해서 여러 가지들로 분기에 분기를 거듭하는 수목형이다.
이 토폴로지는 생명의 단위가 개체임을 함의한다. 동종의 상이
한 개체들의 교배는 점진적인 변화를 만들고, 그 변화가 누적되
면 종이 분기할 만큼의 차이가 만들어진다는 논리다. 반면
마굴리스가 주장하는 진화의 토폴로지는 이종 간의 우발적인
엮임을 표현하는 그물형이다. 이 진화의 토폴로지에서 생명은
개체가 아니라 이질적인 것들의 복합체이다. 마굴리스는 편모
와 섬모를 가진 다세포의 세포들은 모두 박테리아와의 공생에
서 유래했음을 주장했다.

마굴리스의 가설이 교과서에 실렸다고 해서, 그물형 토폴로
지가 학계의 주류적인 견해가 된 것은 아니다. 그랬다면, 마굴
리스가 다윈 150주년을 기념하는 심포지엄에서 새삼스럽게
그물형 토폴로지에 소리를 높일 이유는 없었을 것이다. 진화를
설명하기 위해 다윈은 계통수의 가지들을 따라 생물의 다양한

· ·
2. Carla Hustak, Nastasha Myers, "Involutionary Momentum: Affective
   Ecologies and the Sciences of Plant/Insect Encounters" *Difference.* vol.
   23 (3): 2012, p. 96 재인용.

모습과 행동들을 추적했고, 오늘날의 신다윈주의자들은 이 계통의 형식을 유전자로 확대한다. 유전학과 통계학을 동원한 집단 유전학은 개별종의 개체군에서 무작위적인 유전적 변이가 발생하여 진화하고, 이는 계통수의 분기로 표현된다고 설명한다.

이처럼 생물학은 오랫동안 개체성을 중심에 둔 질문을 해왔다. 생명체는 개체로 태어나고 그 개체로서의 고유한 특성을 나타내며 살고, 죽으면 그 개체성이 사멸하는 것으로 보이기 때문이다. 그래서 생물학의 질문은 이런 것들이었다. 생명이 개체성을 주장하는 경계는 어디까지인가? 개체성은 세대를 거쳐서 어떻게 변이되는가? 개체는 자신의 생존을 유지하기 위해 어떤 전략을 취하는가? 개체성은 어떻게 전달되는가? 생명을 개체로 보았을 때, 생명활동의 핵심에는 생존 경쟁이 놓인다. 먹어야 사는 생명체에게 타자와의 관계는 먹지 않으면 먹히는 치열한 경쟁과 적대관계가 핵심적인 것으로 보이기 때문이다.

그러나 최근에는 생물학의 상황이 조금씩 달라지고 있다. 지난 수십 년간 생물학의 주변부에 머물렀던 공생생물학이 두각을 나타내고 있기 때문이다. DNA 분석기술 등의 유전학이 발전한 덕분에 다양한 공생자들이 발견되었고, 미생물들의 대사능력이 다세포 파트너에게 미치는 영향과 다세포 파트너가 자신의 공생자에게 미치는 영향에 관한 연구들이 영향력 있는 학술지에 속속 발표되고 있다.

생물학자인 스콧 길버트Scott F. Gilbert는 게놈 중심적인 생물학의 경향에 반대하면서, 생명체의 형성과 진화는 게놈이 아니라 "배胚에 의한 물리적 신체의 공동구축"이 1차적이라고 주장한다. 생명체의 신체는 그의 게놈이 명령하는 대로 구성되는 것이 아니라, 배아를 둘러싼 환경과의 합작품이다. "생명에 대한 공생의 관점; 우리는 개체였던 적이 없다"라는 논문에서 길버트와 그의 동료들은 해부학, 생리학, 유전학, 진화론, 면역학, 그리고 발생학적인 면에서 인간을 구성하는 세포의 90%는 미생물, 박테리아 등 다른 생명의 세포임을 논증했다.[3] 인간은 10%의 인간 체세포와 90%의 다른 세포들로 구성된 복합체이다.

그런데 신체의 공동 구축은 배아로부터 기관들이 '발생'하는 과정에서만 일어나는 일이 아니다. 이미 태어난 유생에서 성체로 '발달'하는 과정에서도 신체는 공동으로 구축된다. 푸른 냉광을 내는 하와이오징어는 발달 과정에서 비브리오균과의 공생체를 이룬다. 하와이오징어가 유생일 때 비브리오균이 오징어의 배 부위에 세균총을 형성하면 오징어는 푸른

• •

3. Scott F. Gilbert, Jan Sapp and Alfred I. Tauber, "A symbiotic view of life; We have never been Individuals", *The Quarterly Review of Biology*, vol. 87, no. 4, Dec. 2012.

냉광을 낸다. 비브리오균은 인간에게 콜레라를 일으키는 것으로 유명한 세균이다. 만일 오징어 유생이 비브리오균에게 매력적인 표면을 제공하지 못하면 세균총이 형성되지 않고 오징어는 냉광을 내지 못하게 된다.

하와이오징어의 이 냉광은 아름답기도 하지만 오징어의 포식활동에도 도움을 준다고 알려져 있다. 냉광 덕분에 그림자가 드리워지지 않아서 오징어의 먹이들이 포식자가 다가온 줄 모르게 되기 때문이다. 따라서 비브리오균에 감염되지 못한 오징어들은 먹이활동에 상당히 불리하게 된다. 오징어는 비브리오균의 개체수가 지나치게 증식해서 자신의 생장을 방해하지 않도록 특정한 영역에만 비브리오균이 살도록 허용하면서 공동의 신체를 구축한다. 세균들과 공동의 신체를 구축하는 것은 포유류인 인간도 마찬가지다. 장내 세균총이 무너지면 끔찍한 복통과 설사에 시달리게 된다.

공생생물학은 생존경쟁이 핵심적이었던 생물학의 질문을 다르게 바꾼다. 서로 다른 종들인 고세균과 박테리아는 어쩌다가 서로의 삶에 저렇게 말려들게 되었을까? 인체를 이루는 90%의 다른 생명의 세포들은 어쩌다가 인간의 몸을 구성하면서 함께 살게 되었을까? 생존경쟁 말고 이들의 삶을 추동하는 것은 무엇일까?

2. 낯선 자들을 불러들이는 것

공생은 대개 이익교환 모델로 설명되곤 한다. 가령 하와이오 징어와 비브리오균의 경우, 오징어가 자신의 영양분을 비브리 오균에게 내어주고, 비브리오균으로부터 냉광이라는 유용한 도구를 얻는다는 식이다. 마굴리스의 공생 모델도 마찬가지다. 소화불량이 된 고세균과 잡아먹힌 박테리아는 서로 이익을 교환할 수 있었기에 공존할 수 있었다고 설명된다. 이것이 상리공생 모델이다. 그런데 공생발생 가설의 주창자인 마굴리 스는 자신의 공생 모델을 이익교환의 모델로 설명하지 않는다. "살아 있는 존재들은 명쾌한 정의를 부정한다. 그들은 싸우고, 먹고, 춤추고, 짝짓고, 죽는다. 공생은 새로움을 낳는다."[4] 마굴 리스가 보기에 공생은 명쾌한 정의의 실패에서 비롯된다. 이익 교환은 사후적인 해석일 뿐이다. 공생자들이 상호적인 이익을 취할 수 있게 된 것은 맞지만, 만나기 전에 그들의 만남이 이익이 될지 독이 될지는 알 수 없는 노릇일 것이다. 그들은 싸우다가, 싸움이 실패한 그 자리에서, 먹다가 먹기를 실패한 그 자리에서, 서로를 죽이는 대신 춤추고, 짝짓기를 하게 되었

· ·

4. 린 마굴리스, 이한음 역, 『공생자 행성』, 사이언스북스, 2014, 27쪽.

을지도 모른다.

마굴리스의 공생이론의 핵심은 소화불량이라는 메타포에 있다. 이 메타포는 먹기가 함축하는 일상적인 실패를 말한다. 포식자와 피식자의 관계는 유한한 생명에게 피할 수 없는 것이지만 그 관계를 중단시키는 실패도 또한 일상적이다.

> 살아가기 위해서 크리터[5]들은 크리터들을 먹지만, 어느 쪽도 일부밖에 소화할 수 없다. 배설은 말할 것도 없고, 상당 부분이 소화되지 않은 채로 남는 것이 자연스러운 결과이고, 그중 일부는 서로 얽힌 관계에서 개개의 그리고 복수의 새로운 종류의 복잡한 패터닝을 위한 운반체가 된다. 그리고 우리 중 가장 하위에 있는 것에서 가장 상위에 있는 것까지, 이 소화되지 않은 일부와 빈틈은 죽어야 할 존재란 것을 상기시키는 신랄한 것이다. 아픔과 전신의 쇠약을 경험하는 가운데 죽을 운명이 더욱 생생하게 되면서 말이다.[6]

5. critters(크리터)는 주로 미국 남부에서 쓰이는 일상어로 해충을 뜻한다. 도나 해러웨이는 creatures라는 용어를 오염시키는 의미에서 식물, 동물, 기계, 인간 등을 지칭할 때 이 용어를 사용한다.
6. Donna Haraway, *When Species Meet,* University of Minnesota Press, 2008, p. 31.

'먹기'라는 행위가 흥미로운 것은 부분적인 성공과 부분적인 실패를 함축하고 있기 때문이다. 죽어야 할 운명의 크리터들은 서로가 서로를 먹는다. 살기 위해 서로를 먹는 사태에서 힘의 논리가 지배하는 것은 자연스러운 일이다. 그래서 종간의 분투와 생존을 위한 치열한 전략이 생물학의 강력한 설명체계로 간주되는 것은 놀라운 일이 아니다.

　그러나 먹기는 매번 부분적으로밖에 성공하지 못한다. 소화불량을 일으키고, 먹은 것을 남김없이 흡수하지도 못하기 때문이다. 이런 부분성이 예기치 않은 것과의 연결을 만들어낸다. 먹어치운 것이 말끔히 소화가 되었더라면, 덩치 큰 녀석이 작은 녀석을 먹었다는 약육강식의 스토리로 끝나고 말았을 것이다. 그러나 어떤 것도 모든 것을 전적으로 다 먹지는 못한다. 완전히 끝내지 못한 먹기가 의외의 관계를 연다.

　만일 포유류의 소화기관이 먹은 것을 남김없이 소화시켜버린다면 장 속의 세균총은 형성되지 않을 것이다. 그렇게 살아남은 자들은 때로는 우리를 공격하고, 대부분의 경우에는 우리와 음식을 나눠먹으며 산다. 문자 그대로 그들은 우리의 쿰파니스 cum panis[7] 식사 동료다. 길버트와 그의 동료들이 이야기한 인간의 놀랍고 다양한 세포 구성도 먹기에 힘입은 바가 크다. 먹기의

• •

　7. 반려(companion)의 어원인 cum panis는 "빵을 나누다"라는 뜻이다.

실패, 소화의 실패가 그렇지 않았으면 아무런 관련도 없었을 존재들을 다른 존재의 삶에 휘말리게 한다. 마굴리스의 소화불량 메타포가 의미하는 것은 누구도 독식은 불가능하다는 것이다. 실패는 약육강식, 생존경쟁 등의 이미 계산된 드라마의 결말을 바꾸는 틈을 만든다.

그 실패 때문에 먹은 자와 먹힌 자의 기묘하고 난감한 공존이 시작된다. 마굴리스는 먹은 자와 먹힌 자의 난감한 공존의 사태를 "낯선 자들의 친밀성intimacy of strangers"에 의한 것이라고 했다.[8] 이익을 취하기 위해 함께 산 것이 아니라 먹기의 실패가 의외의 접촉을 만들었고, 그 접촉이 그들 사이에 기묘한 감응을 만들었다. 마굴리스가 말하는 친밀성에는 성적인 함의도 내포되어 있다. 포식자와 피식자 간의 기묘한 로맨스다. 마굴리스는 심지어 유성생식 과정 역시 초기의 공생과 비슷하게 시작되었다고 주장한다. 성별이 다른 동종 개체의 융합인 유성생식은 "실패한 동족살해"라는 것이다.[9] 굶주림을 해결하기 위해 동족을 삼켰는데, 그 소화가 실패해버리는 난감한 사태가 새로운 생식의 방법을 창안하게 되었다.

유한한 생명에게 생존을 위한 계산과 생존경쟁은 물론 중요

. .

8. Donna Haraway, *Staying with the Trouble,* Duke University Press, 2016, p. 60.
9. 린 마굴리스, 『공생자 행성』, 이한음 역, 사이언스북스, 2014, 161쪽.

한 것이지만, 마굴리스 포착한 것처럼 계산과 경쟁이 실패하는 경우가 일반적이라면 어떻게 될까? 생존경쟁이 전부가 아니라 즐거움이나 놀이가 삶을 추동한다면 어떻게 될까? 이를 위해 우리는 생태생물학자 칼라 허스틱Carla Hustak과 나스타샤 마이어스Nastasha Myers의 흥미로운 논문, 「말려들어가기의 추진력: 감응적인 생태학과 식물과 곤충의 조우에 관한 과학」[10]을 참조하면서 생존경쟁이 아니라 감응에 의해 추동되는 생명의 활동들을 살펴보고자 한다.

3. 난초와 꿀벌의 공생

오프리스속의 난초는 그 모습이 꿀벌의 생식기와 흡사하게 생겨서 꿀벌난초라고 불린다. 통상 꽃과 그의 수분 파트너인 곤충의 공생은 꿀을 얻으려는 꿀벌과 수분을 원하는 꽃 사이의 이익교환으로 설명되곤 했다. 그런데 오프리스속의 난초는 벌에게 꿀물을 제공하지 않는다. 이 난초는 꿀물 대신 자신의 모습을 꿀벌과 흡사하게 바꾸어서 그 생김새로 꿀벌을 유혹하

● ●

10. Carla Hustak, Nastasha Myers,"Involutionary Momentum: Affective Ecologies and the Sciences of Plant/Insect Encounters" *Difference.* vol. 23 (3): 2012, pp. 74–118.

는 것으로 알려져 있다. 그래서 오프리스속의 난초는 꿀벌과의 훌륭한 공진화 사례로 보고된다.

그런데 요즘은 화학생태학자들에 의해 이 이야기가 바뀌고 있다. 과학자들은 꿀물을 얻지도 못하는 벌이 난초에게 유인되려면 보다 강력한 기제가 필요하다고 여기기 때문이다. 이야기는 이렇게 바뀐다. 꿀벌은 난초가 발산하는 화학물질에 정신없이 홀려서 아무런 대가없이 난초에게 성적인 착취를 당한다. 화학생태학자들의 분석에 따르면, 난초가 내뿜는 화학물질은 꿀벌의 페로몬과 흡사하다. 이 냄새에 유인된 수컷꿀벌들은 성적으로 잔뜩 흥분해서 꽃에 내려앉기 전부터 그들의 생식기를 드러내면서 교미 전의 움직임을 시작하고, 그 흥분된 움직임에 의해서 이 곤충들은 의도치 않게 난초의 수정에 참여하게 된다.

이 설명에 따르면, 화학물질을 통한 오프리스 난초의 모방 전략은 수분 매개체인 꿀벌을 성적으로 기만하고 착취하도록 고안된 것이다. 얼간이 같은 꿀벌들은 난초에게 속아서 꿀물도 제공받지 못한 채 교미를 한다. 그런데 이렇게 되면 꿀벌의 생식 전략에도 문제가 생긴다. 암컷 꿀벌이 아니라 난초와의 위사 교미에 에너지를 다 소비한다면, 꿀벌의 유전자는 너무 무능한 것이 되기 때문이다. 과학자들은 이를 위해 벌들이 꽃과 자신들의 암컷과의 차이를 구별할 수 있어서, 꽃에는 사정을 하지 않는다고 설명한다. 꿀벌의 유전자에게도 최소한의 에너지로 최대의 효과를 거두어야 하는 경제 논리가 관통해야하기 때문이다.

어쨌든 화학생태학자들의 이야기에서 꿀벌도 난초도 완벽하게 수동적인 존재다. 유전자의 명령이 본능이라는 이름으로 이들을 통제한다. 꿀벌의 어이없는 위사교미는 난초에게 기만을 당한 탓이고, 페로몬을 내뿜는 난초의 행동은 자연선택에 유리한 고지를 차지하려는 유전자의 명령에 따른 것이다. 이처럼 진화의 단위를 유전자로 옮겨놓은 신다윈주의 이론은 난초나 꿀벌 같은 개체의 단일성에 크게 구속되지 않는다. 신다윈주의자들이 보기에 개체는 덩치가 크고 에너지 낭비가 심하다. 반면 유전자는 최소한의 에너지 소비로 복제를 통해서 영원히 생존할 수 있다. 난초와 꿀벌의 기묘한 교미는 개체 중심의 진화론에서는 생각할 수 없는 것이었지만, 유전자 중심의 신다윈주의 이론에게는 아무 문젯거리가 아니다. 중요한 것은 유전자이지 개체가 아니기 때문이다.

하지만 단일한 정체성을 가진 유전자가 여전히 주인의 자리를 차지한다는 점은 그대로이다. 개체적인 통일성이 유기적 신체에서 유전자 스케일로 작아진 것뿐이다. 단일한 정체성의 힘은 조금도 줄어들지 않았다. 오히려 개체의 속박을 벗어버려서 예전에는 금기시 되던 이종 간의 퀴어한 결합도 유전자의 계속적인 생존을 위해서라면 거리낌이 없다. 종에 묶이지 않는 그들의 결합은 그러나 신체와 신체의 감응적인 결합이 아니다. 신체는 명령을 수행하는 수동적인 것일 뿐, 다른 신체에 촉발되고 그것으로부터 자신을 변화시킬 행동능력은 애초에 없기 때문이다. 그들은 그저 콘크리트 토막이다.

최소한의 에너지로 생식 적합성의 효율을 최대화 한다는 신다윈주의의 이러한 논의가 최대 효율과 최대의 이익이 슬로건인 자본주의적인 경제 원리를 과학적인 설명에 그대로 투사하고 있음을 모르기는 어렵다. 이 투사는 다시 과학이 정치를 정당화하는 효과를 산출한다. 과학은 자연을 무자비한 생존경쟁의 장으로 규정함으로써 사회의 기만과 착취를 자연성으로 정당화하게 된다.

신다윈주의 논의가 가지는 문제점은 반동적인 정치성도 있지만 설명 능력이 너무 떨어진다는 점도 크다. 신체의 미묘한 활동들을 모두 생존전략을 위한 것으로 단순하게 환원할 뿐만 아니라, 살아 있는 모든 존재의 특질은 틀림없이 생존에 유용하거나 혹은 유용했을 것이라고 말하는 것과 같기 때문이다. 이에 대해 고생물학자 스티븐 제이 굴드Stephen J. Gould는 신다윈주의의 설명은 "한없이 낙천적인 적응주의Panglossian Adaptionism"[11]라고 비판했다. 굴드가 보기에 신다윈주의자들은 자연선택을 유일하고 포괄적인 메커니즘으로 물신화하면서 정작 필요한 과학적인 설명은 방기하고 있다.

4. 식물의 감각성

허스탁과 마이어스는 현대 진화론의 접근법들이 시간성을 지나치게 과잉규정하고 있다고 비판한다. 진화론의 접근법들은 생명의 활동을 장기간에 걸친 개체군의 평균적인 변화로만 주목한다. 오랜 기간의 평균적인 경향성 속에서는 특정한 신체들의 행위, 가령 꿀벌과 난초의 신체적인 행위들은 드러나기 어렵다. 대신 개체군의 변화가 드러내는 것은 어떤 개체군이 살아남았는가라는 평균적인 경향성이고, 이는 생존경쟁만 도드라져 보이게 한다. 자연선택은 생명을 설명하는 중요한 요소임에는 틀림없다. 그러나 생명에게는 오랜 시간에 걸친 개체군의 평균적인 변화만 중요한 것이 아니라 특정한 신체와 신체의 조우가 무엇을 야기했는지도 중요하다. 통계학을 이용한 집단

• •

11. Stephen J. Gould and Richard C. Lewontin, "The Spandrel of San Marco and Panglossian Paradigm: A Critique of Adaptationist Program," *Proceedings of the Royal Society*, B205, 1979, pp. 581–598; 볼테르의 소설 『캉디드』에 나오는 낙천적인 선생 팽글로스 박사를 빗대어 하는 말임. 팽글로스 박사는 캉디드에게 "모든 가능한 세계들의 최상의 상태에서 모든 것이 결국은 잘되어 간다"라고 되풀이해서 말한다.

유전학의 접근법은 신체와 신체의 조우를 놓친다.

허스탁과 마이어스는 꿀벌난초와 꿀벌의 공생에 대해 다른 질문을 한다. "만약 곤충/난초 조우의 토폴로지가 적합성 최대화를 목표로 하는 계산적인 경제에 의해서만이 아니라, 즐거움, 놀이, 그리고 실험적 제안들에 의해 형성되는 감응적인 생태학에 의해서도 조절된다면 어떨까?"[12] 이를 위해 허스탁과 마이어스는 1970년대의 현장연구들을 재검토했다. 이 연구들은 오프리스 난초들의 풍성한 감각 활동성을 보고하고 있었다. 식물 조직들은 자극에 곧잘 흥분한다. 이 연구들에 따르면, 수컷 곤충이 꽃과 교미를 시작할 때, 꽃잎의 구조와 꽃 표면의 잔털들의 움직이는 방향이 바뀐다. 식물들은 곤충의 움직임에 한껏 흥분하는 것이다. 난초들은 화려한 꽃잎과 자태를 통해 꿀벌이 위사교미에 빠지도록 부추긴다. 이 연구에 따르면, 꿀벌들도 그저 난초의 봉이 되지는 않는다. 꿀벌들이 꽃들에게서 페로몬을 수집해서 작은 주머니에 저장하고, 자신들의 구애 활동에 이 페로몬을 활용한다.

꿀벌과 난초의 공생을 꿀물과 수분의 교환이라는 이익교환의 모델로 본다면 식물들의 이런 반응은 불필요하다. 더구나

• •
12. Carla Hustak, Nastasha Myers, "Involutionary Momentum: Affective Ecologies and the Sciences of Plant/Insect Encounters" *Difference.* vol. 23 (3): 2012, p. 75.

신다윈주의자들의 설명대로 최소의 에너지를 소비하면서 생존에 유리한 최대의 효과를 거두어야 한다면 식물이 쓸데없이 에너지를 소비하면서 이런 행동을 할 이유가 없다. 난초가 자신의 유전자를 퍼뜨리기 위해서 페로몬을 방출한다는 설명은 곤충의 움직임에 적극적으로 반응하는 식물의 신체를 설명하지 못한다.

허스탁과 마이어스는 난초의 수분에 지대한 관심을 기울였던 찰스 다윈의 연구노트에서도 난초의 그 대단한 활동성에 다윈이 휘말려 들어가는 것을 포착한다. 알다시피 다윈 진화론의 주된 내용은 동물에 관한 것이다. 하지만 다윈은 20년간 식물에 관한 책을 6권이나 썼다. 특히 다윈은 난초의 믿을 수 없이 다양한 수분 방법에 매료되었다. 다윈은 자신의 연구노트에서 난초와 꿀벌의 해부학적인 구조를 유명한 삽화가를 동원해서 자세히 기술했다.

다윈은 수정을 위한 해부학적 구조를 특히 주목했다. 곤충의 주둥이와 꿀물을 핥아먹는 긴 혀, 점착성의 액체를 함유하며 암컷과 수컷 생식기들을 구분하는 조직인 난초의 소취,[13] 곤충들이 내려앉는 자리를 제공하고 곤충들을 밀관으로 안내하는 것을 돕는 꽃잎인 순판, 그리고 다른 꽃들을 수정시키기 위한

13. 꽃잎의 한 부분이 늘어져 가는 관 모양의 주머니로 된 것.

그림, <난초와 곤충의 친밀성: 오프리스속의 난초와 그의 수분 매개체>. Inga Thomasson. Reprinted from Kullenberg and Bergström, "Hymenoptera Aculeata Males as Pollinators of Ophrys Orchids" with permission from John Wiley and Sons, Inc.

꽃가루를 함유한 주머니인 화분괴가 그것들이다. 그는, 조직들의 색깔, 질감, 강도, 유연성, 그리고 탄성과 그 수액의 점도, 향기, 그리고 맛에 면밀히 주의를 기울이면서, 수백 가지 난초 표본들의 해부 구조들을 조사했다.

　다윈은 곤충들과 꽃의 수분 과정을 밤낮으로 관찰했고, 난초들이 그저 가만히 있는 것이 아니라는 사실에 매혹되었다. 난초들은 화분덩이를 곤충의 몸에 확실히 부착시키려고 전력을 기울인다. 어떤 난초는 화분덩이를 정확하게 곤충의 몸체로 발사했고, 또 어떤 난초는 곤충이 내려앉는 순판이 용수철처럼 튀어 올라서 곤충을 일시적으로 꽃 속에 가두기도 했다. 다윈의 관찰일기 속의 난초들은 수동적인 오토마타가 아니었다. 그들은 "극도로 민감하고, 성마른" 것처럼 보였고, 심지어 자신들의 해부학적인 구조를 꼬고, 돌리고, 회전시키는 등, 적극적으로 곤충방문자들에게 '응답response' 했다.

이를 단지 반응reaction일 뿐이라고 말할지도 모르겠다. 반응은 부자유한 존재에 대한, 부자유한 존재를 향한 행위인 반면, 응답은 열린 존재를 위한, 열린 존재를 향한 행위이라고 여기기 때문이다. 여기서 열린 존재는 인간만 해당된다. 반응만 할뿐인 존재는 감응의 대상이 아니다. 자극에 대한 그의 반응은 미리 프로그램 되어 있는 것을 인출할 뿐이기에 그 자신의 신체적인 변화에 대한 정서가 없다고 여겨지기 때문이다. 하지만 열린 존재인 인간은 본능을 배반하는 욕망이 있어서, 설사 프로그램된 것이 있더라도 그것을 배반하는 응답이 가능하다는 것이다. 이 논의에 따르면 마굴리스가 말하는 낯선 자들의 친밀성이라는 용어는 지나친 의인화가 될 것이다.

자크 데리다는 『동물, 그러니까 나인 동물(계속)*The Animal That Therefore I Am(More to Follow)*』[14]에서 이처럼 응답 능력의 배타적

---

14. 자크 데리다, 최성희, 문성원 역, 『동물, 그러니까 나인 동물』, 문화과학,

인 소유를 전제하는 로직이야말로 동물Animal이라는 특별한 카테고리를 생산하는 것이라고 비판했다. 데리다가 보기에 서구 전통철학의 명제는 인간을 동물과 구별되는 특별한 존재로 만드는 데 바쳐졌다. 전통철학이 말하는 인간학은 인간이 가진 능력을 바탕으로 다른 비인간 존재들을 결핍된 자, 무능력한 자로 규정했고, 그들에 대한 인간의 폭력을 정당화하는 근거로 작동하고 있다. 데리다의 말대로 우리 인간은 진정 응답의 의미를 알고 있을까?

말이 아닌 방식의 응답 속으로 더 깊숙이 들어 가보지 않는다면, 인간에게 익숙한 방식이나 혹은 인간과의 유사성을 기준으로 응답의 의미를 한정하게 될 것이다. 그래서 움직이지 못하는 식물을 응답하는 존재로 포착하는 것은 중요하다. 식물들은 움직이지 못하지만 부자유한 존재가 아니다. 인간과 눈길을 나누는 동물의 감응에 대한 탐구가 인간과의 유사성에서 크게 벗어나지 못하는 면이 있다면 식물의 감응에 대한 탐구는 우리를 종 간의 관계성으로 이끈다. 식물들은 그들을 둘러싼 온갖 것들과 관계를 맺고 있고 그 관계에 민감하다.

옥수수 유전학을 연구하고 유전자의 자리바꿈 인자를 발견한 바바라 맥클린톡Babara McClintock은 식물의 활동성에 대해

• •

2013, 299–378쪽.

이렇게 말한다. "동물은 제 맘대로 돌아다니지만 식물은 늘 한 자리에 머물러 있어요. 그러니까 식물이 사실상 얼마나 영민한 활동을 벌이는지 상상을 못하는 거죠 … 식물은 어떠한 자극에도 민감한 반응을 하고 있어요. 자기를 둘러싼 환경과 끊임없이 소통을 해요. 식물은 우리가 하는 모든 일을 똑같이 하고 있어요."[15]

5. 감응, 말려들어가기의 모멘텀

감응을 인간의 전유물로 여기는 것은 인간만을 특별한 존재로 여기는 예외주의에 다름 아니다. 식물이든 동물이든 유한한 생명들에게 다른 신체와의 마주침은 존재의 조건이다. 신체와 신체의 마주침이 야기하는 신체의 변화에 대한 정서적인 반응의 집합이 감응이라면, 인간만이 감응적인 존재일 리가 없다. 쾌/불쾌를 느끼지 못하는 신체란 있을 수 없고, 신체의 쾌/불쾌가 동반하는 정서적 반응이 인간에만 국한된 것이라고 여길 어떤 근거도 없기 때문이다.

어쩌면 처음에 꿀벌은 꿀물을 마시려고 다가왔을지도 모른

• •

15. 이블린 폭스 켈러, 김재희 역, 『생명의 느낌』, 양문, 2002, 331쪽.

다. 난초 또한 이기적 유전자의 책동으로 수분 매개체를 유혹하는 페로몬을 방사했을지도 모른다. 그런데 꿀물을 얻지도 못하고, 새끼를 얻는 것도 아닌데 곤충이 거듭거듭 꽃을 찾아온 것은 왜일까? 자신의 식욕을 배반하고, 자신의 유전자를 복제하려는 지상명령도 배반하는 이 기묘한 욕망은 무엇일까? 이는 최소 에너지의 최대 생존전략이라는 면에서는 완전히 잘못된 계산이다. 계산대로 움직이지 않은 것은 난초도 마찬가지다. 단지 수분만이 목적이었다면 그렇게 자신의 신체적 구조를 바꾸는 데 에너지를 쓸 이유는 전혀 없다. 난초는 왜 쓸데없이 에너지를 쓰는 것일까? 기능과 효율의 면에서는 무용하기 짝이 없는 행위들이지만, 난초와 꿀벌이 그 무용하고 덧없는 행위에 몰두하는 것은 그들이 활발한 신체를 가지고 있기 때문이다. 움직이지 못하는 난초의 신체는 유전자의 명령에 따르는 수동적인 껍데기가 아니고, 외부의 자극에 촉발되면서 자신의 신체를 변형시킬 줄 아는 똑똑한 신체다.

난초의 매혹적인 표면이 없었다면, 난초의 아름다운 자태와 향기가 없었다면, 배를 채우는 것도, 새끼를 낳는 것도 아닌 난초의 위험한 초대에 꿀벌이 응하지 않았다면, 난초가 꿀벌의 움직임에 자신의 신체를 맞추어나가는 것을 기꺼이 배우지 않았다면, 오프리스 난초와 꿀벌은 없었을 것이다. 꿀물을 기대하고 날아간 꽃이 기대한 것을 주지 않았음에도 곤충이

다시 꽃을 찾은 것은 곤충의 신체가 곤충의 게놈만으로 이루어졌거나 위장만으로 이루어진 것이 아니기 때문이다. 공생생물학자들이 말한 것처럼 곤충의 신체도 식물의 신체도 복합체이다. 따라서 상대의 신체에 촉발되는 바는 하나가 아니고, 그 촉발에 응하는 것도 하나가 아니다. 허스탁과 마이어스는 이를 "감응의 생태학"이라고 부른다. 거기에는 경쟁과 착취가 야기하는 정서도 당연히 있을 것이지만 은밀한 유혹과 놀이가 야기하는 정서들이 그것들과 경합한다.

이 정서들의 복합성, 이 감응이 다른 가능성을 만든다. 배를 채우지 못한 아쉬움이 컸을 꿀벌에게 난초의 향기와 자태는 그리고 그의 미세한 털의 움직임은 그것을 넘어서는 다른 정서를 불러일으킨다. 난초로서는 곤충의 수분 매개가 정말 중요했을 것이고, 그것을 위해 페로몬으로 곤충을 유혹했을 것이다. 그러나 난초의 신체는 페로몬과는 무관하게 곤충의 방문을 기다린다. 강력한 페로몬으로 수분의 욕구는 충족되었을지 모르지만, 그것으로 환원되지 않는 다른 신체들의 욕망이 거기에 있다. 이런 이질적인 욕망들이 들끓게 되는 것은 유전자만으로 환원되지 않는 활발한 신체들이 있기 때문이다. 이 신체들이 다른 신체들과 접촉함으로써 자신을 재생산하려는 욕구와는 다른 욕망을 만들어낸다. 난초와 꿀벌 사이에는 종족 보존의 욕구와 배고픔의 욕구만 있는 것이 아니다. 그들의 신체는 유전자나 위장으로 환원되지 않기 때문이다. 친밀한 신체들의 은밀한 만남이 이것들과는 상이한 정서를 만든다.

재미있는 것은 곤충이 순진한 수컷이기만 한 것이 아니라는 점이다. 곤충은 나중에 자신의 동종과의 교미를 위해서 난초의 페로몬을 슬쩍 챙기기도 한다. 활발한 신체들의 세계에서 일부일처의 도덕률은 어림없는 일이다. 이들의 사랑은 지고지순하지 않다. 그들의 만남에는 각자의 필요가 충족되고 실패하는데 따른 정서와 그것들을 애매하게 만들거나 심지어 배반하기까지 하는 다른 정서들이 뒤엉켜 있으면서 서로 경합한다.

이처럼 다양한 정서들이 경합하는 장이 감응의 생태학이다. 신체를 가진 이들은 심지어 식물조차도 오토마타가 아니라 감응적 존재들이다. 그래서 식욕으로도 종족보존으로도 환원되지 않는 무용하고 덧없는 사랑의 행위를 한다.

마굴리스의 말대로 살아 있는 것들은 "싸우고, 먹고, 춤추고, 짝짓고, 죽는다." 싸우기만 하고 먹기만 하는 생명은 없다. 처음 소화불량이 되었을 때 고세균은 필시 답답하고 불쾌했을 것이고, 먹힌 박테리아는 "아 죽었구나"라고 했다가 "아 아직 살았네"하고 불안한 안도가 밀려왔을 것이다. 아직은 서로가 적대적이다. 그러나 일어나기로 예정되어 있는 일이 실패해버렸을 때, 그것은 다른 사건을 여는 틈이 된다. 고세균이 박테리아를 게워내지 않고, 아직도 살아 있는 박테리아가 필사적으로 바깥으로 나가려고 몸부림치지 않는 상태로의 전환은, 적대적인 것으로 정해져 있던 관계가 점점 이상해지고 있었기 때문이다.

소화로 직행해버렸다면 감지하지 못했을 다른 무엇이 소화가 중지된 그 틈을 비집고 들어온다. 포식활동과 소화라는 강력한 기능 앞에 잘 드러나지 않던 다른 감각적인 지각들이 비집고 들어온다. 소화불량의 답답함에 허덕이는 고세균도, 그 신체에 갇혀버린 박테리아도 방금 전까지와는 다른 무언가를 느낀다. 이전과는 다른 정서의 차이, 그 기묘한 감응이 이들을 함께 살게 한다.

이들의 함께 살기는 이익계산이 먼저가 아니다. 아직 살아보지도 않았는데 이익을 예측할 수는 없는 노릇이기 때문이다. 계산 이전에 찾아온 낯선 자들의 기묘한 친밀함이 답답함과 갑갑함을 애매하게 만든다. 이런 정서적인 이행이 없었다면, 서로에게 협조하며 기대는 관계로의 변형은 불가능했을 것이다. 기능이 실패한 자리를 비집고 들어오는 다른 신체의 촉발이 없었다면, 그 촉발을 감지하고 그에 응하는 민감한 신체가 없었다면, 서로가 서로의 신체에 맞춰나가는 성취의 기쁨이 없었다면 다세포로의 진화는 없었을 것이다.

『천개의 고원』에서 질 들뢰즈와 펠릭스 가타리는 공생적인 진화를 '인볼루션involution'이라 명명하면서 '이볼루션evolution,

진화'과 구분한다. 안으로 말려들어가기를 의미하는 인볼루션은 서로 다른 계통수 가지들의 이종혼효적인 결합을 의미하는 반면, 이볼루션은 계통수의 분기를 의미한다. 들뢰즈와 가타리는 "만일 진화가 참된 생성을 포함한다면, 그것은 어떠한 가능한 계통도 없이, 전혀 다른 생물계와 등급에 있는 존재자들을 이용하는 공생이라는 광활한 영역에서다"[16]라고 하면서 공생을 자신들의 철학적인 개념인 "~되기"의 사례로 든다. 이종혼효적인 결합은 서로 관련이 없을 것 같은 존재들이 어떤 계기로 서로의 삶 속으로 뛰어들게 되면서 서로에게 얽힌다. 이 얽힘은 상호적인 것이기에 엔간해서는 풀리기 어렵다.

  이 꿀벌난초와 그의 벌-수분 매개체는 오히려 상호포획을 통해서 상호 구성되는데, 식물도 곤충도 상호포획으로부터의 얽힘에서 풀릴 수 없다. … 우리는 난초들과, 곤충들 그리고 과학자들 사이의 조우 속에서 종간의 친밀성들과 미묘한 유혹들의 생태학에 대한 개방성을 발견한다. 이 인볼루션의 접근법에서 중요한 것은, 종과 종 사이의 생명들과 세계들을 만드는 유기체들의 실천들, 그들의 발명들, 그리고 실험들을 진지하

16. 질 들뢰즈, 펠릭스 가타리, 김재인 역, 『천개의 고원』, 새물결, 2003, 453쪽.

게 받아들이는 생태적 관계성의 이론이다. 이것은 "응답-능력response-ability"이라는 페미니스트 윤리에 의해 영감을 받은 생태학이다. 이 속에서 종차species difference에 관한 물음들은 언제나, 감응affect, 얽힘, 그리고 파열에 대한 관심들과 짝이 된다 ; 감응의 생태학. 그 속에서는 창의성과 호기심이 인간들뿐만 아니라 모든 종류의 실천자들의 실험적인 모양들을 특징짓는다.[17]

6. 촉발하고 촉발되기

상호포획의 관계는 한 번 만에 만들어지는 것도 아니고 저절로 만들어지는 것도 아니다. 우발적인 마주침에서 발생한 순간적인 기쁨이 그냥 그 순간의 것으로 끝난다면, 많은 일들이 일어나기는 어렵다. 전에 없던 파트너가 만들어지기 위해선 서로가 서로를 촉발시키고 그 촉발에 응하는 관계가 지속되어야 한다. 그런데 종도 다르고 종류도 다르다면 그 관계를 지속하기는 쉽지 않다. 상대를 전혀 모르기에 그 촉발을 알아채기도

• •

17. Carla Hustak, Nastasha Myers,"Involutionary Momentum: Affective Ecologies and the Sciences of Plant/Insect Encounters" *Difference*. vol. 23 (3): 2012, p. 97, p. 106.

그것에 응하기도 어렵기 때문이다. 그래서 동종과 동류가 아닌 것들 사이의 상호적인 포획은 어떻게 하면 상대를 더 잘 촉발할지, 어떻게 하면 상대에게 잘 촉발될지를 부단히 배워나가지 않으면 불가능하다. 꿀벌의 생식기처럼 변형된 난초의 신체는 상대에게 자신의 신체를 맞추어나간 난초의 부단한 배움의 기록일지도 모른다.

동물행동학자이자 심리학자인 벵시안 데스프레Vinciane Despret는 인간과 가축의 상호적인 길들이기에 관해 연구한다. 그는 "똑똑한 한스 효과"로 알려진 사례에서 우리에게 촉발되기를 배우기가 무엇인지를 보여준다. "똑똑한 한스 효과"는 20세기 초 베를린에서 숫자를 읽고 연산을 할 줄 안다고 소문이 났던 말, 한스에 관한 해프닝을 지칭하는 용어다. 한스는 말발굽을 치는 횟수로 연산의 정답을 맞혔는데, 거의 틀리지 않고 맞혀서 장안의 화제가 되었다. 그러나 이 현상을 연구하러온 심리학자가 말을 주인과 구경꾼으로부터 고립시켜놓고 문제풀이를 시켰을 때는 답을 맞히지 못했다. 심리학자는 말이 문제를 푼 것은 정답에 가까워올수록 점점 고조되는 구경꾼과 주인의 흥분된 몸짓 때문이었다고 결론지었다. 말 주인과 구경꾼들은 의도치 않았지만 말에게 정답을 가르쳐준 꼴이 되어서, 이 이벤트는 해프닝으로 끝나고 말았다. 이 해프닝의 여파로, 말하는 유인원과 같은 실험 사례들 대부분이 "똑똑한 한스 효과"와 같은 현상이었다고 조롱당했다.

하지만 데스프레는 "똑똑한 한스"의 신체와 그의 주인과 구경꾼의 신체들이 무엇을 만들어내었는가에 주목했다. 물론 말, 한스는 계산을 하지는 못했다. 하지만 그는 다른 흥미로운 무언가를 했다. 한스는 자신의 행동에 촉발된 자기 주인과 구경꾼들의 신체 반응을 하나도 놓치지 않고 민감하게 느꼈고, 그들의 환호에 응답할 수 있도록 자신의 신체를 바꾸어갔다. 이런 배움이 계속될수록 한스는 문제를 더 잘 맞힐 수 있었는데, 그는 점점 더 미세한 차이를 분간할 수 있게 되었기 때문이다. 데스프레가 보기에 이 이야기는 자신을 서로에게 맞추는 현명한 신체들과 사물들에 관한 것이다. 그것은 "촉발되기를 배우기learning to be affected"라고 부를 수 있는 상호작용적인 에이전시로서의 신체에 관한 것이다.[18]

데스프레의 이 이야기를 이어받아서 브뤼노 라투르Bruno Latour는 향수전문가가 업계에서 '코'라고 불리는 것에 관해 이야기한다. 그는 향수전문가가 하나의 "코"가 되는 것을 배울 때, 즉 향기의 매우 미묘한 차이를 식별할 수 있도록 자신의 코를 단련할 때 어떤 일이 일어나는지를 알기 위해 "촉발되기를

• •

18. Vinciane Despret, "The Body We Care for: Figures of Anthropo-zoo -genesis," *Body & Society* 10.2-3, 2004: p. 113, p. 125, p. 131.

배우기"라는 개념을 사용한다. 라투르에게 코는, "점점 더 미세한 차이를 구별할 수 있고, 그것들이 가려져 있거나 다른 것들과 섞여 있는 경우조차 서로 구별할 수 있는 누군가"이다.[19] 라투르에 따르면, 촉발되기를 배운다는 것은 "그것으로 말미암아 이 세계가 무엇으로 구성되는지를 새기고 거기에 민감하게 되기를 배우게 되는 어떤 역동적인 궤적"을 수반하는 것이다.[20]

허스탁과 마이어스는 과학자인 다윈이 그 자신의 연구대상인 난초에게 매혹되어 끌려들어가는 지점을 주목했다. 다윈은 특히 카타세툼속의 난초가 화분덩이를 대단한 힘으로 자신을 방문한 곤충에게 던지는 것에 매료되었다. 그는 친구에게 보낸 편지에서 카타세툼이 화분덩이를 던질 때까지, 모르모디즈 난초가 자신의 꽃술대를 꼬는 것을 볼 때까지 조금도 쉬지 않겠다고 했다. "극도로 민감하고 성마른" 것은 난초뿐이 아니었다. 다윈은 난초의 수분 매개체인 곤충을 모방하는 데 전력을 기울인다. 난초가 어떻게 촉발되는지를 배우기 위해 다윈 자신이 '곤충—되기'를 배워야 했던 것이다.

· ·

19. Bruno Latour, "How to talk about the body? The normative dimension of science studies," *Body & Society* 10.2–3, 2004, p. 206.
20. 같은 글, p. 207.

나는 손가락 끝을 그냥 그 가장자리 너머로 내밀고 그런
다음 살며시 내 손가락을 움직이면서 내 장갑 낀 손가락을
순판 꼭대기에 올려놓는 방법으로 시도했는데, 얼마나 즉각적
으로 화분덩이가 발사되는지, 그리고 얼마나 정확하게 디스크
의 끈끈한 전체 표면이 내 손가락을 치고 단단하게 붙는지를
보는 것은 정말 아름다웠다.[21]

　다윈은 라투르가 '코–되기'라고 말했던 것처럼, 자신의 신체
를 연구대상의 신체와 맞추지 않을 수 없었다. 다윈은 스스로
연구대상인 난초의 신체에 민감해짐으로써만 자신의 연구를
수행할 수 있었기 때문이다. 이것은 분명 자크 모노[Jacques Monod]
가 말했던 근대과학과는 다른 과학이다.
　『우연과 필연』에서 모노는 근대과학과 그 이전의 사상을
비교하면서, "이 사상은 인간과 자연 사이의 오래된 물활론적
결속을 비판하고, 이 소중한 유대 관계 대신, 고독으로 얼어붙
은 우주 속에서 근심에 찬 탐구만을 인간에게 허락한다"[22]고
했다. '촉발되기를 배우기'로서의 과학은 모노가 그토록 끊어

　21. Carla Hustak, Nastasha Myers,"Involutionary Momentum: Affective
　　　Ecologies and the Sciences of Plant/Insect Encounters" *Difference.* vol.
　　　23 (3): 2012, pp. 90–91.
　22. 자끄 모노, 조현수 역, 『우연과 필연』, 궁리, 2010, 241쪽.

내기를 원했던 물활론적 전통의 부활을 의미할지도 모른다. 비인간의 활동성을 포착하는 것은 결코 비과학이거나 신비주의가 아니다. 허스탁과 마이어스가 들려주는 이야기에서 다윈은 그의 연구대상인 난초로부터 촉발되어 스스로 벌을 모방하면서 연구대상에게 자신의 신체를 길들여왔고, 그 덕분에 자신의 연구를 할 수 있었다.

똑똑한 말 한스도, 향수전문가도, 난초도, 꿀벌도, 다윈도, 상대에게 자신을 맞출 줄 아는 현명한 신체들을 가졌다. 신체가 이처럼 현명할 수 있는 이유는 신체는 수많은 신체들로 구성된 복합체이기에 그 신체들이 감應하는 것도 복합적이기 때문이다. 이 복합적인 정서들, 감응의 생태학이 생존 경쟁이라는 뻔한 결론이 아닌 흥미로운 다른 길로 이끈다. 이런 감응의 생태학이 없었다면 소화가 실패했어도 다른 가능성을 열지 못했을 것이다. 만약 그랬다면, 외부의 신체에 자신이 기꺼이 말려들어가는 응답 능력도 불가능할 것이고, 다세포 생물도 없었고, 난초도 꿀벌도 없었고, 다윈도, 향수전문가도, 똑똑한 한스도 없었다.

감응의 동력학과 자기인식*
― 스피노자의 감응 치료법[1]

현 영 종

"인간의 역량은 매우 제한되어 있고, 외부 원인의 역량에 의해 무한히 압도당한다. 그러므로 우리는 외부에 있는 것들을 우리의 용도에 맞게 만드는 절대적 능력(통제력)을 가지고 있지 않다. 그러나 우리는 우리의 이익 규칙이 요구하는 것과 상반되는 것이 발생해도, 만일 우리가 우리의 의무를 다했다는 것, 우리가 지닌 역량이 그것을 피할 수 있을 정도는 아니라는 것, 우리가 자연 전체의 한 부분이며 자연의 질서를 따라야 한다는 것을 의식한다면, 이를 차분한 마음으로 대할 수 있을 것이다. 만일 우리가 이러한 점들을 명석판명하게 파악한다면, 지성에 의해 정의된 우리의 부분, 즉 우리의 더 좋은 부분은 이것에 전적으로 만족할 것이고, 그 만족을 보존하려고 노력할 것이다."(스피노자, 『윤리학』 4부 부록 32)

●●

*. 이 글은 『근대철학』, 2019년 13호에 "스피노자의 감정 치료법"이라는 제목으로 실린 글을 수정·보완한 것이다.

1. 이 책에 수록된 다른 글과 번역어를 통일하고, 보다 많은 의미를 담기 위해서 스피노자의 개념어 *Affectus*를 "감응"으로 옮겼다. 하지만 *Affectus*를 "감정"으로 바꿔 읽는 것도 이 글을 보다 쉽게 이해할 수 있는 방법일 것 같다. 가령 이 글의 주제인 *Affectuum Remedia*를 "감응 치료법"보다는 "감정 치료법"으로 옮기는 편이 보다 적절해 보이기도 한다. "감정 치료법"이란 "감정을 어떻게 다스릴 수 있을까"라는 질문에 대한 대답들이기 때문이다. 이는 우리가 일상적으로 고민하는 문제이기도 하고, 서구 사상가들이 오랫동안 논쟁했던 문제이기도 하다. 그럼에도 불구하고 "감응"이라고 옮겼고, 이를 통해서 전통적이고 일상적인 "감정" 개념이 스피노자의 독특한 철학에 의해 어떻게 비틀어지고, 자유나 행복과 같은 윤리학적 가치와 연관 되는지를 주목하고자 했다.

1. 이성의 무능력과 자유

스피노자는 이성의 힘을 믿는 합리주의 철학자이지만 이성의 무능력에 대해 반복해서 역설한다. 우리는 유한한 인간이다. 외부의 힘은 우리를 압도하고, 그 힘 앞에서 우리의 이성이 할 수 있는 일은 그다지 많지 않다. 우리는 그것이 좋지 않다는 것을 알면서도 그것을 행한다akrasia. 이것이 『윤리학』 4부에서 "감응의 예속"이 뜻하는 바였다. 반면에 『윤리학』 5부는 다른 방향으로 간다. 스피노자는 5부의 서문에서 "자유에 도달하는 길"을 보여주겠다고 말한다. 『윤리학』 5부 전반부의 "감응 치료법"이 바로 이 문제와 관련이 있다.[2] 스피노자 감응 치료법의 핵심은 참된 앎에 있다. 이 치료 덕에 우리는 자유로워질 수 있다는 것이다. 감응 치료법이 무엇이기에, 무능력했던

· ·

2. 스피노자의 감응 치료법에 대한 기존 연구는 다음과 같다. 1) 우선 철학사적 비교 연구가 있다. Wolfson(1980), Beyssade(1990), Pereboom (1994), Rice(2002), DeBrander(2007) 등은 스토아 철학이나, 데카르트 혹은 홉스의 철학과 유사성과 차이점을 검토한다. 2) 그 다음으로 감응 치료법들 각각에 대한 실현 가능성과 정합성을 검토하는 연구가 있다. 이는 베넷(Bennett, 1984)의 문제 제기와 그와 관련된 논쟁들이다(Curely (1988), Koistinen(1998), Lin(2009), Marshall(2012)). 3) 마지막으로 감응 치료법에서 이성적 인식과 상상의 역할에 주목한 연구(Macherey(1994), Gilead(1999), Sévérac(2005), 진태원(2006))가 있다.

이성이 유능한 이성이 될 수 있을까? 다시 말해서『윤리학』 5부 전반부의 감응 치료법은 4부를 어떻게 넘어서는가? 그리고 그것은 최고의 행복(지복)을 다루는 5부의 나머지 부분을 어떻게 이끌어내는가?[3]

『윤리학』 5부의 서술에 의하면 우리는 두 가지 방식으로 감응을 '치료'할 수 있다. 1) 자신의 감응을 적합하게 인식하거나, 2) 생활 규칙이나 습관과 같은 상상의 기제를 활용한다. 그런데 스피노자는 전자의 방식이 원칙상 최선의 치료법이고, 그 외의 방식은 보조적인 방식에 불과하다고 말한다.[4] 하지만 스피노자의 서술에서도 상상−치료법이 인식−치료법보다 더 효과적인 것처럼 보인다. 그럼에도 불구하고 왜 스피노자는 그렇게 확고하게 인식의 의한 치료법이 최선의 방법이라고 말하고 있는가.

• •

3. 5부의 전반부(정리 20까지)와 후반부의 관계에 대한 논쟁이 존재한다. 전반부를 소극적 자유로 후반부를 적극적 자유에 대한 것으로 보는 해석은, 전반부를 자유에 대한 예비적 논의로 간주하는 것이다. 반면 전반부를 실천 방안, 후반부를 이론적 해명으로 보는 해석은, 이 두 부분을 자유에 대한 다른 관점에서의 서술들로 간주하는 것이다. Bartuschat, Wolfgang, 1994. "Remarques sur la 1re proposition de la 5E partie de l'«éthique»". *Revue Philosophique de la France et de l'Étranger*, 5–21 참조.

4. "오로지 정신의 인식에 의해서 감응의 치료법을 규정"(E5Pref)할 것이다. "우리의 능력에 의존하는 감응의 치료법 중에, 감응에 대한 참된 인식을 하는 것으로 구성된 치료법보다 더 좋은 것을 생각해낼 수 없다."(E5P4S)

이 문제에 답하기 위해서 다음과 같은 점에 주목하고자 한다. 스피노자의 감응 이론은 일종의 동력학이다. 각각의 감응은 특정한 양과 방향을 지닌 힘을 가지고 있으며, 감응은 서로 역학적 관계를 맺는다. 그래서 감응은 감응(감정)의 타자로 간주된 이성에 의해서 직접적으로 제어되는 것이 아니다. 이성은 이성에 수반하는 감응(감정), 즉 합리적 감응(감정)을 통해서 감응 사이의 역학적 관계에 영향을 미친다. 다음으로 이러한 감응 치료가 『윤리학』의 결론에서 수행하는 역할에 대해서도 주의를 기울일 필요가 있다. 이 감응 치료법은 감응이 야기한 예속 상태에서 해방시키는 수단이다. 그리고 동시에 그것은 우리를 최고의 행복으로 인도할 수 있는 방법이기도 하다. 감응 치료가 자기 인식으로 이어지기 때문에 이러한 역할을 할 수 있다는 것, 그래서 감응 치료가 우리를 최대치의 자유와 지복으로 안내하는 적극적인 방법이 될 수 있다는 것이 이 글에서 말하고자 하는 바이다.

2. 스피노자의 감응 이론

1) 데카르트의 심신 이원론에 대한 비판
스피노자는 『윤리학』 3부 "감응의 기원과 본성에 대하여"를 시작할 때 감응(감정)에 대한 선행 연구자로서 데카르트를 언급한다. 확실히 데카르트의 감응(감정) 연구는 뛰어난 점이 있다. 고전 철학에서 감응(감정)은 자연의 질서를 교란시키는 것이라고 간주되곤 했다.5 반면에 데카르트는 그러한 도덕적 선입견에서 벗어나 감응(감정)을 진지한 학적 탐구의 대상으로 삼았다. 하지만 그는 여전히 고전적 틀에서 완전히 벗어나지는 못했다. 스피노자가 지적하듯이, 그는 옛 사상가들처럼 정신에게 "감응(감정)에 대한 절대적 지배권un empire tres-absolu sur leur passions"을 부여하고 있기 때문이다. 감응(감정) 혹은 신체에 대한 정신의 절대적 권력이라는 이 아이디어는 그의 심신 이원론과 맞물려 있다.

> 나는 정신과 결합된 신체보다 더 직접적으로 정신에 작용하는 어떤 주체가 없다는 것을 우리가 전혀 알지 못했다는 것에 주목해본다. 그리고 따라서 우리는 정신에서 정념(수동)인 것이 신체에서는 작용(능동)이라고 생각해야 한다는 것에 주목해본다.(데카르트, 김선영 역, 『정념론』, 2항, AT XI 328; 19쪽)

. .
5. 정념은 "비이성적이고 자연에 반하는 영혼의 운동 또는 과도한 충동"이다. (제논, *Stoicorum Veterum Fragmenta*, 205; 김상봉(2003), 「감정의 홀로주체성」, 『기호학 연구』 14권에서 재인용.)

데카르트의 이원론에 의하면 정신과 신체는 서로 별개의 것이어서 그 사이에는 공통성이 없다. 공통의 지반을 가진 것들만이 서로 영향을 주고받을 수 있다는 것은 서구 사상가들이 오랫동안 공유했던 명제다. 그러므로 이원론을 따르면 정신과 신체 사이에 직접적인 상호작용은 불가능하게 된다. 데카르트는 '송과선'이라는 기묘한 장치를 해결책으로 내놓는다. 그의 가설에 의하면 송과선이라고 불리는 뇌의 해부학적 부분은 반쯤은 정신적이고 반쯤은 신체적이다. 이 장치에 의해 정신과 신체는 간접적으로, 그리고 반비례 관계로 연결된다. 정신이 무엇인가를 하면(능동) 신체는 겪고(수동), 반대로 신체가 무엇인가를 하면 정신이 그것을 겪어야 한다. 그래서 신체에서 어떤 감응(감정)이 발생하면, 정신은 그것을 겪는다. 이러한 감응(감정)은 정신의 수동, 즉 정념passion이다.

데카르트는 정신이 신체를 지배할 수 있다는 고전적 주장을 되풀이한다. 마치 뱃사공이 배의 방향을 바꿀 수 있듯이, 자유의 왕국에 속하는 정신은 필연의 왕국에 속하는 신체의 '방향'을 조정할 수 있다. 정신이 언제나 절대적 지배권을 갖는 것이다. "자신의 정념에 대해 절대 권력을 얻을 수 없을 정도로 약한 정신은 없다."(AT XI 368; 50항) 그런데 정신이 신체보다 우월하다고 해서 신체를 완전히 장악할 수는 없다. 이원론에 의하면 신체는 정신의 타자이기 때문이다. 타자는 불투명한 것, 완전히 파악할 수 없는 것이다.[6] 그래서 신체에 대한 정신의 통제는 간접적이고 제한적일 수밖에 없다.[7]

실제로 데카르트가 『정념론』에서 제시한 감응(감정) 치료법들은 간접적이고 제한적이다.[8] 데카르트에 따르면, 우리의 신체와 정신 사이에는 자연이 미리 만들어 놓은 습관("자연의 설립")이 있다. 그것은 우리가 태어날 때 탑재되어 있는 프로그램과 같다. 어두운 숲을 걷다가 부스럭거리는 소리가 귀에 포착되면(신체의 지각), 그 프로그램에 의해 정신은 겁에 질린 상태로 들어가게 되어 있다. 그런데 자연이 코딩해 놓은 이

• •

6. 데카르트는 정신과 신체가 "뒤섞여" 있다고 말한 바 있다. 그래서 엄격히 말하자면 신체와 정신을 배와 뱃사공으로 비유하는 것은 정확하지는 않다.(6 성찰; AT VII 81)

7. 데카르트가 『정념론』 48항에서 제시한 두 가지 정념 치료법은 다음과 같다. "영혼의 고유한 무기"인 "선과 악에 대한 확고하고 단호한 판단" 혹은 "참된 판단"을 통해 정념을 제어하는 방식이 있고, "정념이 제공하는 무기"인 반대되는 정념을 활용하여 과도한 정념에 대항하는 방식이 있다. 그리고 『정념론』의 마지막 항 '정념에 대항하는 일반적 치료법(un reméde général contre les passions)'에서는 세 가지 치료법이 나열된다. 1) 대상에 대한 상상의 오류를 항상 염두에 둘 것, 2) 판단을 정지할 것, 그리고 3) 나쁜 상황을 미리 숙고하고 적절한 반응을 습관화할 것이다. 여기서 실질적인 치료법은 두 번째와 세 번째다. 정념에 따라 신속한 행위를 해야 하는 상황에는 세 번째의 방식이, 급박한 반응이 필요하지 않을 때는 두 번째의 방식이 적절한 치료법으로 간주된다.

8. 데카르트의 경우, 정념 치료법의 핵심은 정신의 의지를 통해서 신체의 운동과 정신의 정념 사이의 연결을 끊는 것이다. 데카르트의 정념 치료법에 관해서는 이재환(2019)을 참조.

프로그램을 우리가 손볼 수 있다. 가령 어두운 숲에서 동물이 튀어나왔을 때 어떤 행동을 할지를 미리 여러 번 이미지 트레이닝을 해놓으면, 실제 그 상황을 마주쳤을 때 겁에 질려 꼼짝 못 하는 '습관'에서 벗어나 민첩하게 반응할 수 있게 된다. 습관이 교정되면, 다른 감응(감정)의 연쇄가 생겨나고, 적절한 행동이 가능해진다. 데카르트가 정신이 신체에 대해 '절대적' 권력을 가진다고 말할 때에도, 그 통제는 간접적이고 제한적이다. 그 권력이 실행되기 위해서는 특수한 방법이 필요하고 노력이나 시간이 소모된다.

오히려 스피노자의 감응 치료법이 정신에게 더 강력한 힘을 부여하는 것은 아닌지 의심할 수 있다. 스피노자의 심신일원론은 다음과 같은 귀결을 불러오는 것 같다. 정신과 신체는 동일한 것의 두 측면이다. 신체는 정신의 타자가 아니다. 다시 말해 정신과 신체는 별개의 실체가 아니며, 함께 가는 것이다. 신체가 변하면 정신이 변하고, 역으로 정신이 변하면 신체가 변한다. 따라서 정신이 신체를 바꾸기 위해서, 특별한 수단을 찾을 필요가 없다. 다만 정신은 자기 자신을 바꾸면 된다. 생각만 바꾸면 동시에 신체가 변하기 때문이다. 그렇다면 스피노자의 구도에서 정신은 손쉽게 신체를 지배하게 되는 것은 아닌가? 데카르트에게 가한 비판의 날이 스피노자 자신에게 돌려지는 것은 아닌가?

2) 감응이란 무엇인가? 스피노자의 감응 정의와 감응 동역학

스피노자는 감응을 이렇게 정의한다.

> 나는 감응을 신체의 활동 역량을 증가시키거나 감소시키고, 돕거나 방해하는 신체의 변용들affectiones로, 그리고 동시에 이 변용들에 대한 관념들로 이해한다.(『윤리학』 3부 정의 3, 인용자 강조)

그러므로 첫째, 감응은 신체의 변용affectio이면서 동시에 그 변용에 대한 관념이다. 따라서 감응은 단지 심리적인 것도 아니며 오로지 신체적인 것만도 아니다. 신체적인 감응과 정신적인 감응을 구별하는 것은 이러한 정의에 어긋난다.[9] 감응은 신체적이고 동시에 정신적이다.

둘째, 감응은 역량potentia의 변화에 의해 정의된다. 그래서 만일 정신이나 신체의 변화가 있지만 역량의 변화가 없다면, 우리는 어떤 감응도 느끼지 않을 것이다. 우리는 거의 역량의 변화를 일으키지 않으면서도 다양한 일들을 겪거나 할 수

● ●

9. 스피노자가 신체적 감응과 정신적 감응을 구별할 때도 있다. "신체의 외적 감응들"(E3P59S), "정신에만 관련된 감응들"(E3의 감응 정의 48의 해명), 그러나 이는 현상적인 구별에 불과하다.

있다(예를 들어 눈 깜빡임). 역량의 변화가 있을 때만, 감응이 발생한다.

그런데 스피노자에 따르면 그 역량이란 자기 보존의 노력(코나투스)에 대한 것인데, 그러한 역량은 우리의 본질에 해당한다(『윤리학』 3부 정리7-9). 그래서 셋째, 감응은 주관적인 느낌의 차원을 넘어선 존재론적 변화를 지시하는 것이다.

역량의 증가는 기쁨, 감소는 슬픔이다. 이러한 기본 감응은 과거 역량과 현재 역량에 대한 의식적인 비교에서 비롯되는 것이 아니다. 그것은 역량의 변화 과정 혹은 존재론적 이행 자체에 대한 긍정이다. 가령 기쁨은 우리 자신이 보다 나은 사람이 되는 상승의 과정에 대한 경험이고, 일종의 고양감이라고 할 수 있다.[10]

하지만 다소 주의할 점이 있다. '나'라는 전체는 다양한 부분-개체들로 합성된 개체라는 점에서, 기쁨과 슬픔의 양상은 다음과 같이 복잡해지기 때문이다.

나는 기쁨을 보다 큰 완전성으로 이행하게 하는 수동으로 이해할 것이다. 그리고 슬픔을 보다 작은 완전성으로 이행하게

10. 우리는 여기서 코나투스는 상태 유지에 그치는 것이 아니라, 더 좋은 삶에 대한 추구를 함축하는 것으로 해석하고 있다. cf) 박기순(2015), 「스피노자의 코나투스 개념과 목적론의 문제」, 『철학사상』 57호.

하는 수동으로 이해할 것이다. 더 나아가 나는, 기쁨의 감응이 정신과 신체에 동시에 관련되어 있을 경우 그것을 쾌락titilatio 이나 유쾌hilaritas, 즐거움라고 부른다. 그리고 동일한 경우에 슬픔의 감응을 고통이나 우울이라고 부른다. 그런데 쾌락이나 고통은, 한 부분이 다른 부분들보다 더 변용될 때 인간에게 관련되고, 쾌활이나 우울은 모든 부분들이 동등하게 변용될 때 그러하다는 점이 주목될 필요가 있다.(『윤리학』 3부 정리 11의 주석)

스피노자는 기쁨을 유쾌와 쾌락으로 구별하고 있다. 유쾌는 매우 드물게 나타나는 기쁨이다. 우리(합성체–전체)를 구성하는 모든 부분들이 동등하게 변용되었을 때, 우리는 유쾌(전체적인 기쁨, 즐거움)를 느끼는데, 그러한 상황은 발생하기 힘들기 때문이다. 반면에 부분적인 기쁨인 쾌락titilatio은 흔하다. 몸 전체가 아니라 혀나 귀 같은 우리를 구성하는 일부분만이 기쁨으로 자극될 때 우리는 쾌락을 느낀다.

이 부분–개체도 하나의 개체이기 때문에 자신의 코나투스를 가지고 있다. 나의 눈도 귀도 혀도 각각 하나의 개체로서 코나투를 가진다. 코나투스를 가진 것들 모두는 자신의 기쁨을 추구하는 경향성을 가진다. '이기적인' 개체들은 자신이 속한 전체를 고려하지 않는다. 달콤한 불량식품을 맛본 혀의 우선적인 관심사는 자신의 기쁨이지 복통이 아니다. 그래서 전체–개체의 입장에서 보면 쾌락은 위험하기도 하다. 자신의 부분들이 자신에게 해를 끼치는 행동을 하게 만들기 때문이다. 스피노자가 사람들에게 기쁨의 철학자라고 불리기는 하지만, 그가 모든 기쁨을 좋다고 말한 것은 아니다. 어떤 기쁨은 중독을 부르고, 과다하며, 파괴적이기도 하다.

스피노자는 신체도 정신도, 나아가 존재하는 모든 사물들은 합성된 것이라고 본다. 그래서 우리의 정신은 다양한 그것의 부분들이 서로 힘을 겨루는 각축장이 된다. 다양한 욕망들 중에서 어떤 욕망이 전투에서 승리하고 우리의 마음속에서 주도권을 잡는다. 역학적 관계에 의해서 우리의 행동이나 생각이 결정되는 것이다. 그러므로 스피노자가 보기에 자유로운 '의지'와 같은 것은 없다. 의지처럼 보이는 것은 사실 감응들의 역학적 관계가 만들어낸 어떤 결과일 뿐이다.[11] 신체가 물리적 법칙에 작동하는 기계이듯이 정신도 일종의 기계다. 의지나 결단을 통해 생각과 행동을 바꾸자는 말은 아무 의미가 없다. 바꾸고자 한다면, 감응 사이의 역학 관계를 조정할 지렛대 같은 것이 필요하다.[12]

• •

11. 스피노자는 능력(faculté)으로서 의지(volonté)를 부정하고, 대신 개별 의지작용(volition)에 대해서 말한다. 그리고 이러한 의지작용은 관념의 긍정작용에 다름 아니다.
12. 신체적인 것들 혹은 정념들을 바꾸기 위해서는 "생각만 바꾸면 된다는

상상은 진리에 의해서 사라지지 않는다(『윤리학』 4부 정리 1의 주석). 슬픔은 그 슬픔에 대한 참된 인식 자체에 의해서 사라지는 것이 아니다. 감응은 오로지 그 반대의 감응에 의해서만 억제되거나 제거될 수 있다. 슬픔을 억제하는 것은 기쁨이다. 그래서 스피노자가 참된 인식을 통해 슬픔을 제거할 수 있다고 말할 때에도, 다음과 같이 이해해야 한다. 참된 인식이 참으로서 힘을 발휘하여 슬픔을 제거한 것이 아니라, 참된 인식이 만들어낸 기쁨이 슬픔을 억제한 것이다. 거짓된 인식이라도 그것에 수반한 기쁨을 통해서 슬픔을 제거할 수 있다.

게다가 참된 인식이라고 해서 그것이 반드시 '강한' 기쁨을 불러오는 것도 아니다. 반대로 우리가 가지고 있는 참된 인식은 대개 보편적인 사실에 대한 것이고, 보편적인 사실에 대한 참된 인식이 불러온 합리적 감응(감정)은 그다지 힘이 세지 않다. 가령 담배가 건강에 좋지 않다는 일반적인 사실에 대한 인식은 흡연자의 마음을 움직일 정도로 힘이 센 감응을 불러오지 않는다. 개별적인 것과 관련된 감응이 대체로 힘이 세다. 상상은 개별적인 것과 관련되고 이성은 보편적인 것과 관련되

• •

것인가"라는 비판은 생각 바꾸기가 쉽다는 것을 전제하고 있다. 하지만 스피노자에 의하면 생각 바꾸기란 매우 어려운 일이다. 우리는 우리의 생각을 자의적으로 바꿀 수 없기 때문이다. 우리의 생각도 인과 관계에 의해서 결정된다.

기 때문에, 상상은 강하고 이성은 약하며, 둘이 경쟁할 때 많은 경우 이성이 패배한다.

그래서 다시 묻지 않을 수 없다. 그럼에도 불구하고 왜 참된 인식이 최고의 감응 치료법이라고 스피노자는 말하는가? 감응의 동역학을 통해서 이에 답해야 한다. 참된 인식은 동역학적 측면에서도 무력하지만은 않다. 그렇다면 감응에 대한 참된 인식이란 무엇이며, 참된 인식에 수반하는 합리적 감응은 어떤 점에서 정념보다 강력할 수도 있는가?

3. 감응 치료

1) 감응에 대한 참된 인식이란 무엇인가

"우리의 능력에 의존하는 감응 치료법 중에서, 감응에 대한 참된 인식에 의한 치료법보다 더 좋은 것을 생각해낼 수 없다."[13] 왜 그럴까? 이성은 큰 힘을 발휘하기 힘들고, 상상이 더 큰 힘을 발휘할 수 있을 것 같은데 말이다. 가령 "올바른 삶의 규칙"[14]을 세우고 이것을 계속 적용하라는 스피노자가 제시했

---

13. 『윤리학』 5부 정리 4의 주석.
14. 『윤리학』 5부 정리 10의 주석.

던 치료법 같은 경우, 그것이 인식에 기초한 치료법보다 더 구체적이고 강력할 것이다. "다른 사람의 단점보다는 장점에 주목하자"라는 규칙을 따르는 자는, 경멸에 찬 비난으로 적을 양산하는 자들보다 자신의 감응을 더 잘 다스릴 수 있다. 이 문제에 답하기 위해 우선 감응 치료법의 기본 원리부터 검토해 보자.

> 수동적인 감응은 우리가 그것에 대해 명석판명한 관념을 형성하면 더 이상 수동적이기를 멈춘다.(『윤리학』 5부 정리 3)

감응의 수동성은 그 감응에 대한 적합한 인식에 의해 제거된다. 그런데 이를 앎을 통해 감응을 통제할 수 있음으로 이해한다면 앞서 지적한 문제가 발생한다. 정신에게 지나친 권력을 부여하게 된다. 이에 대한 베넷(1984)의 비판도 크게 다르지 않다.[15] 스피노자는 필연성을 강조하는 철학자다. 모든 것이

15. 베넷(1984)은 스피노자의 이 같은 증명이 틀렸다고 주장한다. 첫째, 한 정념은 다수의 원인이 개입한 인과 관계에 의해 발생하는데, 스피노자는 단지 이 정념에 대한 인식만으로 정념을 변형시킬 수 있다고 말하고 있다. 베넷은 정념에 대한 인식이 그 정념을 발생시킨 인과 관계를 바꾸는 것이 아니기 때문에, 인식만으로 그 정념을 변형할 수 있는지에 대해 의문을 제기한다. 둘째, '관념의 관념'을 통한 논쟁은 잘못된 논증이다. 정념은 혼동된 관념이고, '관념의 관념'은 명석판명한 것이라면 이 둘은 서로 실제적으로 구별되어야 한다. 그런데 스피노자는

인과 관계에 의해 설명된다. 그런데 여기서 갑자기 이질적인 이야기가 등장하는 것처럼 보인다. 우리의 감응을 낳는 것은 현실적인 인과 과정이다. 어떤 사회 속에 우리가 살고 있고, 누구를 만났으며, 어떤 상황에 처했는가? 그런데 이러한 "현실"에 대한 실질적인 변경을 가하지 않고, 어떻게 인식만으로 감응을 통제할 수 있단 말인가?

하지만 다음과 같은 점부터 따져야 한다. 감응에 대한 인식이 감응의 수동성을 제거할 수 있는 여부보다, 감응에 대한 완전히 적합한 인식 자체가 정말로 가능한지부터 확인해야 한다. 그런데 스피노자가 『윤리학』 2부의 인식론에서 줄곧 말해온 바는 이렇다. 우리는 우리가 느끼는 수동적 감응(정념)에 대해 완전히 적합하게 인식할 수 없다. 그 이유는 정념이 부적합한 관념이기 때문이다. 신은 부적합한 관념을 갖지 못한다. 유한한 우리만이 부적합한 관념을 가질 수 있다. 정념과 관련하여 우리에게 직접 주어진 것은 결과뿐이다. 우리는 그 정념의 원인들을 완전히 파악할 수 없다. 그 원인들은 우리의 손이 닿지 않는 곳에 있다. 그래서 부적합한 관념들은 전제 없는 결론과 같다.[16] 스피노자도 따르고 있는 아리스토텔레스적 전통에 따르면,

· ·

이 둘 사이에 사고 상의 구별만이 있으며, 그렇기 때문에 치료가 가능하다고 말하고 있다. 하지만 베넷에 의하면 이는 명백한 모순이다.
16. "수동적인 감응은 전제 없는 결론과 같다."(E2P28)

완전히 적합하게 대상을 파악한다 함은 그것의 모든 원인들을 파악한다는 것이다. 그러므로 필연적으로 우리는 정념을 온전히 파악할 수 없다.

그렇다면 스피노자가 여기서 말하고자 하는 바는 무엇인가? 베넷은 정리 3을 참조하여 스피노자의 감응 치료법이 관심의 분산distraction을 통한 방법이라고 생각했다. 수동적 감응은 관련된 대상에 대한 고착을 낳기 때문에 해롭다.[17] 누군가를 지나치게 미워하거나 사랑할 때, 그 사람은 다른 것들에 관심을 돌리지 못하고, 때로는 스스로를 상처 입히는 일까지도 행한다. 전통적으로 대상에 대한 이러한 고착을 서구 사상가들은 경이admiratio라고 불렀다.[18] 베넷의 해석에 의하면 정리 3에서 스피노자가 관심의 분산을 이러한 경이나 고착에서 벗어나게 하는 치료법으로 제시했다는 것이다. 참된 앎들이 어떻게 고착된 관심을 분산시킬 수 있을까. 가령 수학 문제를 풀면 감응 상태가 호전된다는 것이다. 그러나 베넷 자신도 지적하듯이, 이 치료법이 실제로 가능할지는 의심스럽다. 수학 문제를 푼다고 우리의 분노가 과연 가라앉을 수 있을까. 짝사랑에 괴로워하는 자가 수학책을 펼칠 수 있는

• •

17. 『윤리학』 5부 정리 9.

18. 스피노자의 감응 치료에서 경이 개념의 역할에 주목한 연구로 Sévérac (2001, 2005), 진태원(2006)을 참조.

'여유'를 가질 수 있을까. 수학 문제 풀이의 기쁨이 슬픔의 정념들을 억제할 만큼 강할 수 있을까.

정념에 대한 완전한 인식은 불가능하다고 했지만, 정리 3은 명백하게 "감응에 대한" 참된 인식에 대해서 언급하고 있다. 이는 이렇게 이해할 수 있다. 우리는 감응에 대해 완벽하게 인식할 수는 없지만, "부분적으로는" 적합하게 인식할 수 있고, 점진적으로 인식할 수 있다. 이는 감응을 공통 개념common notions을 통해서 이해하는 것이다. 스피노자의 철학에서 공통 개념이란 보편적이고 필연적인 법칙들을 의미한다. 물리 법칙, 생물학 법칙, 심리 법칙, 사회과학 법칙 등이 거기에 해당한다. 지금 이 감응을 일으킨 현실적 원인들을 완벽히 이해하지 못하더라도, 여러 법칙들을 통해서 어느 정도는 이해할 수 있다. 저 사람은 왜 나에게 그렇게 행동했을까. 그러한 위치에 있는 사람은 그렇게 행동하기 마련이다. 나는 이러한 상황에서 이렇게 반응하는 경향이 있다. 이렇게 이해하는 것은 자신의 감응을 객관화하는 것이다. 그리고 그것은 자기 자신을 거리를 두고 관觀하는 것이기도 하다. 이러한 감응 치료를 통해서 우리는 '나'라는 개별자를 보편성의 맥락에서 살펴보게 된다. 스피노자의 용어로 말하자면, 우리는 우리를 예속 상태에 빠뜨렸던 개별성으로부터 풀려나(분리), 그와는 구별되는 일반 법칙에 주의를 기울이게 된다(결합).

만일 우리가 영혼의 격정commotio, 혹은 감응을 외적 원인에 대한 사유로부터 분리하고 그것을 다른 사유들에 결합시킨다면, 외적 원인에 대한 사랑과 미움과, 그 감응들에서 태어난 영혼의 동요는 파괴될 것이다.(『윤리학』 5부 정리 2, 인용자 강조)

3) 공통 개념이 부적합한 관념에 대해 갖는 동역학적 우월성

요컨대 참된 인식에 의한 감응 치료란, 자신의 감응을 공통 개념을 통해 이해하는 것이다. 그리고 이러한 치료가 어떻게 효과를 발휘할 수 있는지는 감응의 동력학에 의해서 설명되어야 할 것이다. 공통 개념이 야기하는 감응은 세 가지 측면에서 부적합한 관념에 수반하는 감응(정념)보다 동역학적 우월성을 지닌다.

첫째, 공통 개념은 비시간적이다. 감응을 일으킨(혹은 일으켰다고 생각되는) 개별 대상은 시간에 따라 흥망성쇠를 겪는다. 실존하는 모든 것들의 운명이다. 하지만 공통 개념은 상황이 다르다. 그것은 법칙이기 때문에 그러한 변화로부터 자유롭다. 예를 들어서, 관성의 법칙은 시간에 따라 변하지 않는다. 공통 개념의 인식에 수반되는 감응은 개별적인 것들에 대한 감응에 비해 상대적으로 미약한 힘만을 가지고 있지만, 법칙 자체가

영원한 것이기에 그 힘은 시간과 무관하게 끈질기게 존재한다. 따라서 공통 개념의 인식에 따른 감응은 수동적 감응보다 장기적으로 보면 우월하다.

둘째, 공통 개념에 의한 인식, 법칙적 인식은 필연성을 이해하는 것이다. 스피노자는 필연성에 대한 인식이 우리에게 위안을 줄 수 있다고 생각한다. 필연성의 이해는 "그럴 수밖에 없었음"을 이해하는 것이다. 이러한 이해와 인정은 침착함과 편안을 가져다 줄 수 있다.[19] "꼭 이러지 않을 수도 있었는데!"라는 생각은 정반대의 상황으로 우리를 밀어 넣는다.[20] 다른 선택을 했었다면, 조금만 더 운이 따랐다면, 그 사람만 없었다면! 과거의 선택과 관련된 '가능성'에 대한 미련은 노예 상태를 낳는다. 영화 <굿 윌 헌팅>의 주인공(맷 데이먼)을 떠올려 보자. 그는 불우한 어린 시절의 기억에서 벗어나지 못하고 있었다. 하지만 그의 멘토가 되어 준 심리학자(로빈 윌리암스)가 "그것은 너의 잘못이 아니야it's not your fault"라고 여러 번 반복해서 말해주는 순간, 그래서 주인공이 자신의 상황에 대한

· ·

19. 스피노자가 제시한 예는 이렇다. 우리는 아기가 말을 못 하고 잘 걷지 못하는 모습을 볼 때, 아기를 측은하게 여기지 않는다.(아기는 그럴 수밖에 없기 때문이다.) 하지만 태어나자마자 말을 하고 걷는 아기가 있다면, 우리는 말 못 하는 아기를 측은하게 여길지도 모른다.
20. "정신이 모든 것을 필연적이라고 인식할 때 감응(감정)에 대해 더 큰 힘을 갖고 감응(감정)을 덜 겪는다."(『윤리학』 5부 정리 6)

피상적인 이해의 수준을 넘어 그것을 실제로 느끼는 순간, 그의 상처는 치유되기 시작한다. 이처럼 필연성에 대한 인식은 감응 치료가 될 수 있다.[21]

셋째, 공통 개념은 "공통적"인 것이다. 하나의 대상이 아니라 여러 대상에 적용된다. 그래서 공통 개념에 의한 인식은 우리로 하여금 여러 사물들을, 나아가 다양한 것을 동시에 생각하도록 만든다. 우리의 역량은 전적으로 우리가 얼마나

• •

21. 하지만 필연성에 대한 인식이 정말로 도움이 될까? 목적론의 세계와 필연성의 세계는 첨예하게 대립한다. 목적론의 세계에는 의미와 방향이 있다. 이러한 세계가 어쩌면 더 견딜 만한 것일지도 모른다. 현재의 고통은 미래를 위한 것이므로, 목적론적 세계관을 가졌던 라이프니츠는 스피노자의 필연적 세계관을 참지 못했다. 모든 것들이 원인과 결과의 무한한 연쇄인 세계는 시작도 끝도 없고 허무하고 맹목적이다. 한 우화에 따르면 부처는 세계의 법칙을 알려주기 위해서 풍장을 제자들에게 보여주었다고 한다. 신체는 오랜 시간에 걸쳐 조금씩 흩어져 갔다. 이를 본 어떤 제자는 세계의 냉혹함과 허무에 압도되고 자신의 삶을 포기하였다.

현대 윤리학자 롤스는 완전한 평등이 불가능하지만, 절차적 정의가 가능하다고 주장했다. 그는 사회적, 경제적 약자들이 합당한 이유가 제시된다면 자신의 처지를 받아들일 것이라고 생각했다. 기회의 평등이 주어졌지만, 나는 노력을 하지 않았다든가. 하지만 정식분석학자 지젝에 따르면 이러한 일은 결코 일어날 수 없다. 우리는 자신의 열악한 처지에 대한 합리적 설명(필연성)을 견디지 못한다. 그것은 우연한 것(사회의 불평등한 구조, 특정인의 탐욕이나 횡포)에 의한 것이어야만 한다. 우연하고 비합리적인 것이 오히려 우리의 삶을 지탱하는 힘이다.

다양한 방식으로 생각하고 행동할 수 있는지에 따라 규정된다.[22] 단단한 돌보다는 환경의 변화에 대해 다양한 방식으로 대처할 수 있는 생명체가 더 역량이 크다.[23] 정신의 역량이란 "많은 사물들을 동시에 바라보는 것, 말하자면 내적으로 결정되어 사물들의 합치, 차이 대립을 이해하는 것"[24]에 달려 있다. 이는 단지 인식의 문제를 넘어서 정치적 문제이기도 하다. 당신은 어떤 공동체에, 그리고 얼마나 많은 공동체에 속해 있는가? 대학에 속한 학자는 아카데믹한 방식으로 세상을 탐구한다. 그런데 그가 수유너머와 같은 연구공동체에도 속한다면 대학의 담론이 유일한 진리가 아님을 알며, 다른 방식의 생각과 실천을 실험해볼 것이다.

공통 개념을 통해 자신의 감응을 참되게 인식할 때, 우리는 감응을 어느 정도는 '치료'할 수 있게 된다. 인식에 기초한 치료법이 효과를 발휘할 수 있는 이유는, 공통 개념이 동역학적 관점에서 볼 때, 시간성, 필연성, 다수성과 관련하여 부적합한 관념들, 다시 말해 수동적 감응들보다 우위를 점할 수 있다는 점에 있다. 그렇다고 해도 이 치료법의 전망은 그다지 좋아 보이지는 않는다. 반복하자면 우리는 유한하고, 세계는 무한하

• •

22. 이성과 다수성의 원리에 대한 생각은 박기순(2006)을 참조.
23. 『윤리학』 2부 정리 13의 주석.
24. 『윤리학』 2부 정리 29의 주석.

여, 세계는 우리를 압도하기 때문이다.

　데카르트의 감응 치료법은 신체와 정신의 이원론적 관계에서 출발했다. 감응을 치료하기 위해서는 신체가 정신에 발휘하는 영향력을 차단한 다음, 신체와 정신의 새로운 연결 관계를 만들어내야 한다. 이와 달리 스피노자의 치료법은 정신을 구성하는 관념들 혹은 그에 수반하는 감응들 간의 동역학적 관계를 조정하는 것이다.[25] 어떤 감응이 주도권을 잡아야 하는가. 외부 원인에 종속된 감응이 아니라, 나의 본성에 합치하는 감응과 생각들이 헤게모니를 잡아야 한다. 그러한 것들이 참된 관념들과 그것에 수반하는 합리적 감응들이다. 그것들이 우리의 마음속에서 더 많은 부분을 차지할수록, 우리는 그만큼 더 자유로워진다.

4. 감응 치료에서 자기인식으로

　경이admiratio는 특이한 감응이다. 경이란 "정신이 고착되어 있는 사물에 대한 상상"[26]이다. 이 감응을 느낄 때, 우리의

----

25. Alanen(2017), pp. 96–98; 스피노자의 감응 치료법은 어떤 욕망을 파괴하는 방법이 아니라 다른 방식의 삶을 이해하는 방법이다. Sévérac(2006), p. 155.

정신은 다른 대상에 대해 주의를 기울이지 못하고, 오로지 그 대상에만 집중한다. 이 경이라는 감응은 역량의 증감과는 직접적인 관련이 없다. 새로운 것, 강력한 것, 독특한 것을 볼 때 우리는 역량의 증감 없이 대상에 대한 경이를 느낀다. 그래서 스피노자의 감응 정의(역량의 증감으로서 감응)를 엄격히 따르면 경이는 감응의 목록에 포함되어서는 안 된다.[27] 스피노자의 감응론에서 경이는 간략하게 다루어진다. 데카르트에게 경이는 기본 감응(감정)이었지만, 스피노자에게 그것은 파생된 감응에 불과하다. 그는 경이를 주제적으로 다루지도 않았다. 감응 치료법(『윤리학』 5부 전반부)에서 경이라는 감응은 한 번도 직접적으로 거론된 적이 없다.

　감응 치료법이 경이의 극복에 대한 것이라고 해석하는 스피노자 연구자들이 있다. 경이가 감응 치료법에서 직접적으로 언급되지 않았지만, 그 아이디어가 포함되어 있다는 주장이다. 예를 들어 앞서 살펴본 『윤리학』 5부 정리 3은 그렇게 해석될 여지가 있다. "분리"와 "결합"이란 결국 경이의 극복에 대한

　　26. 『윤리학』 3부 말미의 정서 정의 4.
　　27. 데카르트가 경이를 기본 감응(감정)으로 간주했던 반면에, 스피노자는 경이를 중요한 감응으로 취급하지 않는다. 『윤리학』 3부에서 제시된 감응들의 목록에서 경이는 간단하게 설명되고, 다시 언급되지 않는다. 몇몇 연구자들의 주장처럼 『윤리학』 5부에서 경이가 중요한 '감응'이라면 이러한 스피노자의 서술 방식은 매우 의문스러운 것이 된다.

것이기 때문이다. 그리고 나아가 그들은 스피노자의 사유가 현대 철학을 선취하고 있다고 본다. 공통 개념, 보편적 법칙 속에서 주체는 해체된다. 주체는 구성된 것이지 선행하는 것이 아니다. 여기서 탈국지화, 탈주체화의 사유를 발견할 수 있다는 것이 이 연구자들의 주장이다.[28]

　하지만 이렇게도 생각할 수 있다. 스피노자는 『윤리학』 5부에서 감응 치료법에 이어서 신에 대한 사랑을 주제적으로 다룬다. 『향연』의 방식을 활용하자면, 사랑도 경이를 동반할 것이다. 우리는 누군가에게 사랑을 느끼고 그에게 사로잡힌다. 이것이 위험한 것만은 아니다. 고대 철학자들이 철학을 사랑에 빗댄 이유가 있다. 사랑은 유아론적 상태에서 벗어나도록 우리를 종용한다. 누군가에 대한 사랑을 통해서 우리는 '나'라는 감옥을 벗어나, 타인을 진정으로 만나게 된다. 이러한 사랑도 경이일 것이다. 사랑하는 자 이외의 모든 것들은 배경 속에서 사라진다. 하지만 한 발 더 나아갈 수 있다면 그것은 확장될 수 있다. 나의 아이에 대한 사랑은, 모든 아이에 대한 사랑으로, 모든 생명에 대한 존중으로 확대된다.

　요점은 감응 치료가 신에 대한 사랑으로 이어질 때, 그것이 탈주체화 혹은 객관화로 끝나지 않는다는 것이다. 다시 '나'의

● ●

28.　진태원(2006), 374-88쪽 참조.

개별성이 윤리학적 가치를 가지게 된다. 스피노자는 5부에서 제2종의 인식(공통 개념에 의한 인식)을 넘어, 제3종의 인식(개별 본질로 나아가는 인식)에 대해서 서술하고 있다. 탈주체화나 객관화는 제2종의 인식의 효과이며, 이는 스토아적인 윤리에 도달하는 것이다. 스토아의 현자는 개별자의 틀을 벗어던질 줄 알아야 한다. 가령 날카로운 흉기가 나를 찌르고 있을 때, 나는 즉각적이고 강렬한 고통을 뛰어 넘어 "무엇인가 피부 안쪽으로 들어가고 있다"고 담담하게 말할 줄 알아야 한다. 하지만 『윤리학』 5부의 후반부는 이러한 객관화를 넘어선 단계에 대해서 말하고 있다. 감응에 대한 참된 인식은 왜 최고의 치료법인가? 그것은 자기 자신에 대한 적합한 인식을 주고, 이는 신에 대한 사랑을 낳기 때문이다. 스피노자는 분명하게 말하고 있다.

> 자기 자신과 자신의 감응(감정)들을 명석판명하게 이해할 수 있는 자는 신을 사랑하며, 자기 자신과 자신의 감응(감정)을 더 이해할수록, 더 신을 사랑한다.[29]

자기 인식에는 자기만족acquiescentia in se ipso이 뒤따른다. 자기

29. 『윤리학』 5부 정리 15. 인용자 강조.

자신에 대한 인식의 시작은 상상적이다. 자신에 대한 상상적 인식은 즐겁다. 사람들은 멋진 자신을 상상하기 마련이고, 이는 기쁨을 낳는다. 하지만 이러한 상상적 자기 인식은 이성적 자기 인식에 의해 지양된다. 이성은 분명히 보편 법칙에 의한 인식이다. 이러한 보편 법칙은 얼핏 보면 '나'라는 개별성과 무관해 보인다. 하지만 '나'의 감응이 따르는 보편 법칙은 나의 정신과 나의 신체를 구성하는 보편 법칙이다. 그래서 감응에 대한 적합한 인식은 자신의 개별적인 본성을 구성하는 법칙을 이해하는 것이다. 이러한 인식을 진전시킬 때 우리는 우리 자신의 개별 본질에 대해 더 접근하게 된다(제3종의 인식). 이러한 점에서 감응 치료는 자기 인식이기도 하다. 보편 법칙을 통한 자기 객관화는, "자신의 개별 본질을, 자신의 역량을 이해하는 것"[30]으로 진전된다.

자신의 감응에 대한 인식은, "그럴 수밖에 없었구나"라는 인식, 대개의 일이 자신의 통제력을 넘어선다는 생각, 어쩌면 체념에 불과한 것이 아니다. 인식에 의한 감응 치료는 감응의 속박에서 풀려나는 것, 소극적 자유의 획득에서 그치는 것도 아니다. 감응 치료는 자기만족으로 향한다. 이성적 자기만족은 자기 자신에 대한 사랑과 자기 인식에서 나온다. 그리고 적합한

30. 『윤리학』 4부 정리 53의 주석.

자기 인식이란, 종국에는 우리가 신의 한 부분임을 아는 것이다. 모든 것의 근본적 원인은 신이므로, 결국 참된 인식이란 그러한 원인으로서의 신을 파악하는 것이다. 스피노자의 "범신론" 덕분에 신을 파악할 수 있는 길이 열려 있다. 우리는 신의 한 부분이다. 그래서 우리가 스스로를 신의 한 부분으로 적합하게 이해하게 될 때, 우리 자신을 통해서 신까지도 인식하게 된다. 우리는 우리 자신을 사랑함으로써 신을 사랑한다. 이는 신의 절대적 능동성을 자신 안에서 발견하고 체험하는 것이다.[31] 이렇게 도달한 최고의 앎, 즉 신에 대한 인식. 그것은 자유이며 "우리가 원할 수 있는 것 중에서 가장 좋은 것"[32]이다. 그러므로 참된 인식에 의한 감응 치료법이 실제로 감응을 억제하는 데 비효율적일지라도 그것은 최고의 치료법이라고 할 수 있다. 왜냐하면 그것은 행하기 어렵더라도 자유와 지복be-atitudo으로 나아가는 구체적인 방법이기 때문이다.

우리 모두는 절대적으로는 아닐지라도 적어도 부분적으로는 자신의 감응(감정)과 자기 자신을 이해하고, (…) 그렇게 해서 정신이 그 감응(감정)에서 출발하여 명석판명하게 지각

• •
31. 스피노자는 제3종 인식과 관련하여, "느끼다", "본다", "향유한다"는 등의 표현을 활용하여 체험적 측면을 강조한다.
32. 『윤리학』 4부 정리 52의 주석.

한 것을 사유하도록 결정될 것이며, 정신은 거기서 충만하게
만족할 것이다.(『윤리학』 5부 정리 4의 주석)

신체 또는 감응의 전도체
― 기억과 도취를 둘러싼 벤야민의 실험들

권 용 선

1. 우연한 마주침

1926년 12월 24일, 모스크바의 어느 버스정류장 앞에 서 있던 발터 벤야민은 우연히 그의 눈에 들어온 '박물관'이라는 글자에 이끌려 예정에 없던 세잔의 그림과 마주했다.

> 이 박물관은 내 관람 계획에 들어 있진 않지만 내가 바로 그 앞에 있었기에 안으로 들어갔다. 너무나도 아름다운 세잔의 그림 앞에 서자 '감정이입'이라는 말은 언어학적으로 잘못된 것이라는 생각이 문득 들었다. 한 편의 그림을 이해한

다는 건 우리가 그 그림의 공간 속으로 들어가는 것이 아니라, 이 공간이 오히려 먼저 아주 특정하고도 다양한 곳들에서 돌진해 나오는 것이다. 이 공간은 우리가 아주 중요한 과거의 경험들을 찾을 수 있다고 믿는 각도와 구석에서 자신을 열어 보인다. 말하자면 무언가 설명할 수 없지만 우리에게 친숙한 것이 그곳에 있는 것이다.[1]

그날의 일기에 따르면, 벤야민은 작품을 감상하지 않았다. 그는 작품을 보았지만 감상을 한 것은 아니었다. '너무나도 아름다운 세잔의 그림' 앞에서 그는 예술작품을 감상하는 익숙한 방식이었던 '감정이입'을 재빨리 버렸다. 그는 감상자의 위치에서 정신을 집중하고 작품을 '이해'한 것이 아니라, 그림의 공간이 "오히려 먼저 아주 특정하고도 다양한 곳들에서 돌진해 나오는 것"을 무방비 상태로 당해야만 했고, 그런 식으로 세잔의 작품과 만났기 때문이다.

예술작품을 앞에 두고 발생한 이러한 주객전도의 상황은 작품을 감상하거나 이해함으로써 맛보게 되는 지적이고 정서적인 쾌락의 상태와는 전혀 다른 경험을 벤야민에게 선사했다.

••

1. 발터 벤야민, 김남시 옮김, 『발터 벤야민의 모스크바 일기』, 그린비, 2005, 92–93쪽.

보는 자와 예술작품이라는 두 신체가 직접 부딪치고, 작품이 발산하는 특정한 기운이 그것을 보는 자의 신체 속으로 밀고 들어옴으로써 그의 감각과 정서, 감정 등이 이전과는 다른 상태로 이행하는 경험. 벤야민은 세잔의 작품을 감상appreciate한 것이 아니라, 그의 작품과 감응affect했던 것이다.

그때 벤야민이 마주친 것은 그림의 내용이 아니라 그림 속에 있는 '과거에 있었던 대단히 중요한 경험들', 자신의 체험은 아니지만 '너무나 잘 알겠는 그 무엇'이었다. 작품 혹은 작품이 뿜어내고 있는 무언가가 그로 하여금 자신의 과거를 떠올리도록 촉발했던 것이다. 벤야민에게 세잔의 작품이 아름답게 느껴졌던 것은 그것이 갖는 예술적 가치와 함께 작품이 촉발한 그의 과거의 경험, 신체의 감각 속에 저장되어 있던 어떤 기억이 순간적으로 호출되었기 때문이다.

이날의 경험 이전까지, 적어도 벤야민이 남긴 주요 논문과 에세이에서 '예술작품'은 대체로 사유와 분석의 대상이었고, 연구자이자 비평가로서 그는 자신의 역할에 충실했다. 『독일 낭만주의의 예술비평 개념』에서 벤야민은 독일의 초기 낭만주의자들이 예술작품을 '반성의 매체' 즉 사유의 대상으로 삼았다는 점에 주목했고, "반성이 더욱더 긴밀해지고 작품의 형식이 엄밀해질수록 비평은 보다 다양하고 강력하게 … 자신의 과제를 성취한다."[2]고 비평의 역할을 강조했다. 여기서 반성의 긴밀함과 형식의 엄밀함이 강조되는 것은 예술작품에 개성이라는 '우연성'의 계기가 있음에도, 비평이 "반성의 엄격한 자기 제한"을 요구하는 역할을 수행해야 하기 때문이다. '반성'은 예술작품의 생산과 감상, 그리고 비평이 그것을 수행하는 '주체'의 입장에서 작품을 대상화할 때 발생한다. 작품 속으로 감정을 이입하거나 비판적 거리를 형성함으로써 반성적 사유를 기도하는 것 모두 이성의 능력이다. 벤야민이 모스크바의 박물관에서 경험했던 것은, 그러한 주객의 고정된 위치가 균열을 일으키고 흐려지며 전도되는 상황이었던 것이다.

1924년에 발표한 『괴테의 친화력』에서 벤야민은 예술작품 속에 감춰진 '진리의 장소'에 주목한다. 한 작품의 진리내용은 그것이 의미심장한 것일수록 작품의 사실내용에 눈에 띄지 않는 방식으로 내밀하게 결합되어 있다고 그는 생각했는데, 그것을 찾아내고 비판하는 임무를 비평가인 자신에 부여했다. 여기서도 벤야민은 "무릇 진정한 작품은 자신의 자매를 철학의 영역 안에 갖고 있다"고 말함으로써 여전히 예술작품을 '사유'의 영역 속에서 바라보는 미학(예술철학) 연구자로서의 태도를 견지한다. 물론 『괴테의 친화력』에서 예술작품의 개념은

---

2. 발터 벤야민, 심철민 옮김, 『독일 낭만주의의 예술비평 개념』, 도서출판 b, 2013, 118쪽.

『독일 낭만주의의 예술비평 개념』에서보다 '예술의 자율성'
쪽으로 한 발 더 가깝게 다가간 것이었다. 낭만주의의 예술비평
에 관한 논문의 주요 대상이었던 노발리스, 슐레겔 등과 예술작
품 속에 '반성'의 자리를 강조했던 피히테까지 초기 낭만주의
자들이 18세기의 자장 속에 있었다면, 괴테 말년의 작품에
속하는 『친화력』이 19세기의 출발과 동시적이었다는 점을
염두에 둘 때에도 예술개념을 둘러싼 벤야민의 보인 태도의
이동은 자연스럽다.

   하지만 『괴테의 친화력』에서 벤야민은 예술작품을 '개성'의
표현이나 '창조된 것'으로 이해했던 일반적인 낭만주의적 예술
개념에 동의하지 않는다. 그에게 예술작품은 '무'에서 나오는
것(즉 창조된 것)이 아니라, '카오스'에서 생겨난 것이다. 예술
창작은 카오스에서 아무것도 만들어내지 않지만, 창작의 공식
혹은 형식은 카오스를 한 순간에 예술작품이라는 하나의 세계
로 둔갑시킨다고 그는 말한다. 여기서 벤야민은 예술작품을
완성시키는 것으로서 '표현할 수 없는 것das Ausdru- ckslose'[3]이라
는 개념을 제시한다. 예술작품에서 가상과 본질이 뒤섞이는

• •
  3. '표현할 수 없는 것'은 예술작품을 구성하는 내적인 '진리내용'에 속하고,
     '아우라'는 예술작품 각각이 자신의 고유성을 외적으로 증명하는, 존재의
     비가시적인 표현이라는 점에서 양자는 개념적으로 동일한 것이 아니다.
     벤야민은 '표현할 수 없는 것'이라는 개념을 『괴테의 친화력』에서만
     유일하게 사용했다.

것을 금지하는 비판적인 힘으로서의 '표현할 수 없는 것'은 횔덜린의 비극에 대한 설명에 등장하는 '휴지부' 같은 것이다. "이 휴지부 속에서 조화와 더불어 모든 표현이 멈추는데, 그것은 모든 예술 수단 내에서 표현할 수 없는 어떤 힘에 자리를 내주기 위해서"[4]이다. 그리스 비극에서 발견되는 주인공의 침묵, 횔덜린의 시에서 발견되는 리듬상의 '중단' 같은 것.[5] 훗날 벤야민에게 '중단' 혹은 '정지'는 사유의 연속성과 자명성을 의심하는 중요한 개념이 된다.

벤야민에게 예술작품이란 '어떤 솟아난 것^{Entsprungenes}',[6] 즉 역사와 시대정신과 지각과 감각의 '카오스'로부터 그것들에 미적인 질서와 조화를 부여하는 작가의 특정한 방식으로부터 산출된 일종의 '구성물'이다. 카오스로부터 구성된 것으로서의 예술작품의 가치는 '표현할 수 없는 것'의 존재가 결정하는데, 그것은 작품의 내용과 형식으로 혹은 하나의 물질적 신체로 온전히 수렴되지 않는 진리의 장소, 진실의 영역을 드러낸다. 『독일 낭만주의의 예술비평 개념』에 이어서 『괴테의 친화력』에서도 예술작품을 형이상학적 사유의 대상으로 바라보는 벤야민의 태도는 일관되게 유지되고 있었던 셈이다.

●●
4. 발터 벤야민, 최성만 옮김, 『괴테의 친화력』, 길, 2016, 200쪽.
5. 훗날 아감벤은 이것을 '행간'이라는 말로 표현한 바 있다.
6. 발터 벤야민, 「『괴테의 친화력』 관련 노트」, 『괴테의 친화력』, 200쪽.

하지만 『괴테의 친화력』 이후로 벤야민은 예술작품 속의 진리내용과 연관되는 '표현할 수 없는 것'이라는 개념을 더 이상 명시적으로 사용하지는 않았다. 다만, 그것이 "절대적 총체성을 분쇄"[7]하고 작품을 파편화하여 역설적으로 비로소 작품을 완성한다고 말함으로써, 훗날 '역사의 개념'에서 시간의 연속성을 중단하고 총체성의 역사와 대결하고자 했던 문제의식의 한 징후를 여기서 드러냈다.

1926년 모스크바 방문을 전후로 예술작품은 반성과 관조의 대상적 위치에서 벗어나 작품 고유의 무게를 방사하는 '신체'로서의 지위를 획득해갔다. 이 무렵부터 벤야민은 맑스주의적 방법론에 익숙해졌고, 예술작품을 형이상학적 사유의 대상이 아니라 새로운 공동체적 신체를 구성하는 데 필요한 촉발과 각성의 전도체로 이해하기 시작했다. 이때 벤야민의 관심사는 예술작품이라는 신체와 마주쳤을 때 경험하게 되는, 작품에 시선을 보내는 누군가가 '읽어내는', 작품이 말하고 있는 것을 초과하는 것과 마주치게 하는 힘의 영역으로 이동하는 것처럼 보인다. 모스크바에서 세잔의 그림과 마주쳤을 때, 벤야민이 발견한 것은 이러한 경험들과 긴밀하게 연루되어 있었던 셈이다.

---

7. 발터 벤야민, 위의 책, 207쪽.

2. 신체, 기억의 저장소 혹은 감응의 전도체

벤야민이 세잔의 그림과 충분히 감응할 수 있었던 것은 여기에 적어도 두 가지 차원의 동인이 개입하고 있었기 때문이다. 비의지적 만남의 축을 형성하는 우연성, 그리고 이해와 판단의 작동에 선행하는 느슨한 신체의 상태가 그것이다. 첫 번째로 그것은 미리 기획되지 않은 우연한 마주침이었다는 점에서 보다 충격적이었고, 감응이 극대화된 하나의 사건이었다. 예측 가능한 방식으로 계획된 시간을 비집고 들어온 우연한 마주침으로 인해 일상의 시간은 잠시 중단되고 마주침은 사건이 된다. 하지만 벤야민 자신은 예술작품을 대하는 이 중요한 태도의 전환과 훗날 역사 기술의 방법에서 핵심적인 개념이 된 '중단'을 당시에는 크게 주목하지 않았던 듯하다. 그의 일기는 전시장에서 세잔의 그림을 지나 르누아르와 피사로, 모네의 작품들을 일별한 후 예정된 일정들을 마치고 숙소로 돌아와 프루스트를 읽었다는 내용을 담담히 기록하고 있을 뿐이다. 세잔의 그림이 그에게 '과거의 중요한 경험들'을 촉발했다는 사실이 프루스트의 홍차가 콩브레를 순식간에 불러냈다는 점과 어떤 구조적 유사성 위에 놓여 있다는 점을 그때 그는 알아차리지 못했던 것처럼 보인다. 적어도 그날의 일기에는 그 점이 명시적으로 표현되어 있지 않다.

훗날 그는 '소설읽기'에 관한 에세이에서도 '감정이입'과 다른 방식으로 작품과 만나는 독자의 신체에 대해 이야기한 바 있다. 그가 보기에 "소설들은 삼켜지기 위해 있다. 소설을 읽는다는 것은 신체에 동화Einverleibung시키고자 하는 욕구이다. 그것은 감정이입이 아니다. 독자는 주인공의 자리에 자신을 전치시키지 않고, 자신에게 부딪쳐오는 것을 동화시킨다."[8] 벤야민은 소설과 독자라는 두 개의 신체가 만나서 발생하는 감응적 힘의 작용을 '동화'라고 표현한다. 그는 "신체에 동화시킨다"라고 말한다. 이때 소설을 읽는 자의 신체는 작품이 가하는 힘의 작용을 받는 수동적인 것이 아니라 그것을 삼켜버림으로써 능력을 증가시키는 능동의 신체이다. 증강된 신체의 능력을 갖게 된다는 것은 이전에는 하지 못했던 무언가를 할 수 있게 되었다는 의미이며, 이것이 소설 혹은 예술작품과 '마주쳐야'하는 이유이다.

모스크바의 박물관에서 세잔의 그림이 부딪쳐왔을 때, 벤야민이 즉각적으로 떠올렸던 것은 '설명할 수 없지만 우리에게 친숙한 무엇'이었는데, 그것은 의지적인 노력의 힘으로는 얻을

8. 발터 벤야민, 최성만, 김영옥, 윤미애 옮김, 『일방통행로 / 사유이미지』, 길, 2007, 239쪽.

수 없었던, '작품 속의 공간'을 그의 신체가 삼켜버리는 '동화'
작용이 촉발한 과거의 어떤 경험에 관한 것이었다. 벤야민은
그것을 한 개인의 독특한 체험을 회상하는 것에만 국한시키지
않았다. 그는 이러한 우연한 경험 혹은 마주침을 공동체 내부의
다수가 삶의 과정에서 맞닥뜨리게 되는 공동의 경험과 연관시
키고자 했고, 개인에게는 과거의 사건인 그것을 공동체의 역사
를 구성하는 작업으로 연결시키고자 했다. 이때의 역사는 진보
의 도식 속에서 변화 발전하는 총체성의 역사, 비판과 반성의
계기를 상실한 채 달려가는 진보의 역사를 정지시키는 것으로
서의 역사를 말한다. 말하자면, 인간의 신체 속에 저장되어
있던 과거로부터의 경험을 순식간에 불러일으킴으로써 현실
을 각성하게 하는 유물론적인 역사.

　　역사 기술의 이러한 문제의식 속에서 벤야민은 프루스트의
소설 속에서 한 인물의 신체 속에 과거의 기억이 어떻게 저장되
어 있고 그것이 어떤 계기를 통해 현실화되는지에 주목했고,
초현실주의자들의 '꿈과 도취'가 신체의 각성과 어떤 연관
속에서 예술적 표현으로 나타났는지, 다시 말해 예술작품과
신체의 감응적 관계에 대해 깊이 천착했던 것이다.

　1) 프루스트의 이미지와 기억을 보관하는 신체
　　벤야민은 1920년대 초반 이미 프루스트의 소설을 독일어로

번역하면서 이미 이 작가에게 특별한 관심을 기울이고 있었고, 모스크바에서 귀국한 이듬해 발표한 「프루스트의 이미지」에서 개인의 '무의지적인 기억'을 특정한 시대 혹은 사회를 분석하는 유력한 개념으로 활용할 수 있는 가능성을 발견했으며, 마침내 『아케이드 프로젝트』에서 이것을 역사 기술의 독특한 방법론으로 전유했다. 역사를 기술하지 않고 이미지화한다는 벤야민의 발상은 모스크바의 한 박물관에서 세잔의 그림과 감응했던 그 경험과 프루스트의 소설 속에서 발견한 현재화된 과거의 이미지, 즉 우연하고 무의지적이며 비자발적인 방식으로 호출된 기억이 한 개인을 각성에 이르게 하는 촉발제가 되었다는 점과 깊이 연관되어 있다.

　벤야민이 프루스트에게서 발견한 것은 '삶을 기억하는 방식'의 독특함이었다. 그것은 의지적으로 과거를 회상하거나 추억하는 행위와는 다른, 무의지적이고 우발적인 방식으로 떠올려진 과거의 어떤 경험의 순간을 이미지로 떠올리고 마치 꿈에서 깨어나듯 현실을 각성하는 계기로 삼는 실천이다. 개인이 체험한 과거의 어떤 사건이 지금 그의 신체 감각을 통해 순간적으로 이미지화되어 떠오르는 방식. 신체의 특정한 감각 속에 기억(저장)되어 있던 과거의 경험이 지금 동일한 감각적 경험을 통해 우연히 순간적으로 현실화된다는 것.

　하지만, 그것은 의식적인 회상에 의해 떠올려질 만큼 중요하거나 의미 있는 것이 아닐 수도 있다. 오히려 '사건'의 차원에 들지 못할 만큼 사소하고 반복적인 일상의 행위들, 차를 마시거나 구두끈을 매거나 돌부리에 걸려 넘어질 뻔하거나 하는 식의 아주 사소하거나 무의미한 행위들을 통해 소환되고 현실화된다. '무의지적 기억'에 의해 호출되는 과거의 이미지는 그 자체로는 아무것도 아니다. 중요한 것은 무의지적이고 우발적인 방식으로 떠올려진 과거의 이미지가 현재를 각성하는 계기가 된다는 점이다. 소설 속의 화자는 일생에 걸쳐 여러 차례 무의지적 기억을 통해 잊고 있던 과거의 삶을 떠올리는데, 그것은 거창하거나 예외적이거나 충격적인 사건들, 정확하게 기록되고 쉽게 떠올려지는 경험들이기 때문에 의심의 여지없이 진실로 받아들여졌던 것들이 놓치고 있던 것들이다. 프루스트는 이 무의미하고 사소한 이야기들 속으로 독자들을 이리저리 끌고 다니다가 다시 출발점으로 데려오기를 반복한다. '이지와 지성의 힘'에 의해 기록되고 보관된 과거란 예외 없이 특정한 관점과 기준에 의해 선택된, 다시 말해 '기억될 만한' 것들의 집합이지만, 신체의 감각 속에는 조작되지 않은 과거의 경험 전체가 보관되어 있다. 프루스트에게는 선택적으로 각색된 과거의 정보가 아닌 '진실의 발견'이 중요했고, 벤야민은 그것에 주목했다.

벤야민의 표현을 빌자면, 프루스트의 작업은 "기억을 짜는 일이 아니라 망각을 짜는 일"[9] 즉 의지적 기억과 무의지적 기억이 만들어내는 사건들을 작품 속에 섬세하게 직조해내는 데에 있었다. 널리 알려진 바처럼 홍차와 마들렌이 불러낸 그의 무의지적 기억이 장대한 소설의 출발이었고, 프루스트의 독특한 기억법은 무엇을 체험했는가보다는 체험한 것을 어떻게 표현할 것인가에 맞추어져 있었다. 작가는 무의지적 기억이라는 우발적인 과거의 출현을 어떻게 현재라는 시간 속에서 현실화시켰을까. "나는 오래 전부터 일찍 잠자리에 들었다."는 문장으로 시작되는 소설 『잃어버린 시간을 찾아서』는 꿈에서 깨어나 현실로 돌아오는 비몽사몽의 단계를 지나 완전히 잠에서 깨어나는 각성의 순간에 이르는 기간, 잠자리에 들고 꿈을 꾸고 잠에서 깨어나는 과정에 대한 체험적 진술로부터 시작된다. 화자인 마르셀의 현재적 시공간에서 출발한 잠과 꿈과 각성의 과정은 소설 속에서 반복적으로 소환되고 변형되는데, 불면이나 몽상, 삶의 자각 등과 연관되거나 화자의 성장 서사에 대한 일종의 메타포로서 기능하고 있다.

프루스트에 따르면, 의지적 기억은 선택적 기억 혹은 의식에 의해 조작된 기억에 해당하는 것으로, 이 속에는 '참된 과거'가

---

9. 발터 벤야민, 반성완 옮김, 「프루스트의 이미지」, 『발터 벤야민의 문예이론』, 민음사, 1992.

없고 진실을 발견하기도 어렵다. "사람은 자기가 기억하는 일에만 충실할 수 있고, 자기가 아는 일밖에는 기억하지 못한다"고 그는 말한다. 왜곡된 방식, 혹은 쉽게 얻은 정보에 의한 기억은 그만큼 쉽게 휘발된다. 또한 기억은 복잡한 인상을 온전히 상기하는 데에도 어려움을 지닌다. 반면, 무의지적 기억은 "지성의 영역 밖, 그 힘이 미치지 못하는 곳에, 우리가 꿈에도 생각하지 못했던 어떤 물질적 대상 안에 숨어"[10] 있기 때문에 선택과 조작으로부터 '참된 과거'와 '진실'을 지켜낼 수 있다. 어떤 과거가 참된 과거인가. 그것은 과거에 있었던 어떤 사건의 이미지를 표상하는 것이 아니라, 그 자체로 현재와 공존하며 특정한 감각 속에 본래의 모습을 보존하고 있는 과거, 어떤 우연한 마주침에 의해 이미지의 상태로 현실화되는 과거이다. 『잃어버린 시간을 찾아서』에서 작가는 이렇게 말한다. "과거의 환기는 억지로 그것을 구하려고 해도 헛수고요, 지성의 온갖 노력도 소용없다. 과거는 지성의 영역 밖, 그 힘이 미치지 못하는 곳에, 우리가 꿈에도 생각하지 못했던 어떤 물질적인 대상 안에(이 물질적 대상이 우리에게 주는 감각 안에) 숨어 있다. 이러한 대상을, 우리가 죽기 전에 만나거

· ·
10. 마르셀 프루스트, 김창석 옮김, 『잃어버린 시간을 찾아서』 1, 국일미디어, 2006, 63쪽.

나 만나지 못하거나 하는 것은 우연에 달려 있다."[11] 벤야민의 경우, "꿈에도 생각하지 못했던 어떤 물질적 대상 안"은 여행지의 박물관에 전시되어 있던 한 편의 회화 작품 속이었고, 세잔의 작품이 그에게 어떤 과거의 환기를 촉발시켰던 것이다. 프루스트의 경우와는 달리 이때 벤야민은 과거의 이미지나 사건을 구체화시키지는 않았다. 그에게 '무언지 알 것 같은 과거'의 경험은 「베를린의 유년시절」과 「1900년경의 베를린」에서 비로소 그 윤곽을 드러냈는데, 프루스트의 소설을 자신의 신체에 '동화'시킴으로써 그것과 감응했던 경험이 그를 이러한 글쓰기의 세계로 견인했을 것이다.

벤야민과 프루스트에게 중요한 것은 '무엇이 사실이었나'에 있지 않았다. 주체의 관점에서 이해한 정보를 특정한 목적 속에서 재소환하는 것으로서의 '의지적 기억'은 주체 일방의 진실 혹은 특정한 관점이 반영된 기억일 뿐이다. 중요한 것은 '나'의 신체적 감각과 마음이 진심으로 외부 세계와 '교감'했던 경험, 감응적 관계를 형성했던 기억, 어떤 감각 속에 온전히 보존되어 있는 기억이다. 나와 세계와 감응적 교감을 형성했던 경험만이 지금 나와 마주치고 있는 세계를 대상화 타자화하지 않는 방식으로 만나게 한다. 하지만 과거의 모습 전체를

· ·
11. 같은 책, 65쪽.

재현하는 것은 프루스트 그리고 벤야민의 관심사가 아니다. 과거의 기억이 부지불식간에 떠오르게 만드는 매개로서의 동일한(유사한) 사물이나 사건의 경험 속에 진정한 과거가 있다는 것을 그들은 알고 있기 때문이다.

　프루스트의 방식은 특정한 사물과 시공간이 하나의 이미지로 불쑥 떠오르는 모습을 보이는 것 그대로, 당시의 감응과 현재의 감응을 느끼는 그대로 말하게 하는 것이었다. 그것은 "성찰이 아니라 과거의 일들을 현재 속에 생생히 떠올리는 방식"이며 "과거에도 현재에도 동시에 공통되고, 과거와 현재라는 두 가지보다 훨씬 본질적인 무엇"을 찾고자 하는 목표를 지닌다. 이런 점에서 프루스트의 문장은 "사유하는 육체의 전 근육에 의한 활동"이 된다.

　프루스트가 개별적 차원에서 기억과 감각, 그리고 감응의 문제를 다루었다면, 벤야민은 그것을 역사 기술의 방법 나아가 새로운 정치를 상상하는 문제의식으로 연결시켰다. "프루스트가 자기의 인생 이야기를 잠에서 깨어나는 '각성' 장면부터 시작하는 것과 마찬가지로 모든 역사 기술은 깨어나는 것(각성)에서부터 시작해야 한다. 다른 것은 일절 다뤄서는 안 된다. 따라서 이 <아케이드 프로젝트>는 19세기로부터의 각성을 다룰 것이다."(『아케이드 프로젝트』 N, 4.3)라고 벤야민이 이야기했을 때, 그것은 과거의 축적물이 아닌 현재를 재발견하기 위한 것으로서의 역사가 된다. 이때 과거의 시간은 "균질하고 공허한 시간이 아니라, 지금시간Jetztzeit으로 충만된 시간"[12]에 다름 아니다.

그는 이제 '무의지적인 기억'을 역사의 이미지로 바꿔낸다. "과거의 진정한 이미지는 휙 지나간다. 과거는 인식 가능한 순간에 인식되지 않으면 영영 다시 볼 수 없게 사라지는 섬광 같은 이미지로서만 붙잡을 수 있다."[13]고 그는 말한다. 즉 벤야민에게 "과거를 역사적으로 표현한다는 것은 그것이 '원래 어떠했는가'를 인식하는 일을 뜻하는 것이 아니다. 그것은 위험의 순간에 섬광처럼 스치는 어떤 기억을 붙잡는다는 것을 뜻한다. 역사적 유물론의 중요한 과제는 위험의 순간에 역사적 주체에게 예기치 않게 나타나는 과거의 이미지를 붙드는 일이다."[14] 과거의 이미지가 현재의 공간 속으로 밀고 들어옴으로써 이전에는 보이지 않았던 현실의 이면을 드러내고, 자명한 것으로 인식되었던 현재를 낯선 것으로 보여줌으로써 의심의 계기를 마련하는 것, 주어진 현실을 바꾸기 위한 행동을 촉발하는 계기로 작동하는 변증법적 이미지를 출현시키는 것. 이것이

• •

12. 발터 벤야민, 최성만 옮김,『역사의 개념에 대하여 / 폭력비판을 위하여 / 초현실주의 외』, 길, 2008, 345쪽.
13. 위의 책, 333쪽.
14. 같은 책, 334쪽.

벤야민이 과거를 역사화하는 이유이며 방법이다. 이때 사고 혹은 사유의 '정지'가 역사 기술의 중요한 변증법적 방법론으로 제기된다. "사고가 긴장들로 가득한 성좌에서 정지할 때, 변증법적 이미지가 나타난다. … 유물론적 역사 기술에서 구성되는 대상 그 자체가 변증법적 이미지가 된다. 그것은 역사적 대상과 동일하다. 이것이 역사를 흐름의 연속성에서부터 그러한 현상을 떼어내는 것을 정당화한다."(『아케이드 프로젝트』, N, 10a, 3)고 벤야민은 말한다. 역사의 자명한 흐름, 시간의 연속성을 중단시키는 변증법적 이미지를 펼쳐 보임으로써 그는 자기 시대의 폭주를 정지시키는 브레이크가 되고자 했던 것이다.

2) 도취를 부르는 신체 실험들

벤야민이 경험한 예술작품과의 감응적 관계는 한편으로 분석과 이해를 전제로 한, 익숙한 이성적 감상의 방식이 작동하기 이전에 발생한다는 점과 관련된다. 예술작품에 대한 미학적 판단이 작동하기 전에 "그림의 공간"은 관람객을 향해 "돌진해" 나온다. 이런 식의 무매개적이고 비계획적이며 무의지적인 우연한 사건의 시공간 속에서 하나의 예술작품과 만난다는 것은 작품의 내재적 가치, 이를테면 그가 『괴테의 친화력』을 분석하며 제시했던 예술작품의 사실내용과 진리내용을 중심으로 한 가치를 인식하는 것과는 전혀 다른 차원의 무언가 즉, '과거에 있었던 중요한 경험들'을 촉발하는 계기가 된다.

이성의 느슨한 상태에서만 맛볼 수 있는 새로운 감각들, 현상적으로 보여지는 것 너머에서 오히려 명징하게 그려지는 과거의 이미지들, 그것들이 촉발하는 각성의 순간들이 있다. 하지만, 세잔의 그림을 통해 알게 된 어떤 실감, 자신에게로 돌진해오는 사물의 존재감을 신체가 감각하는 방식으로 관계 맺는 경험은 의지와 계획으로 성사될 수 있는 일이 아니다. 불확실한 우연성에 기대지 않고서도 이성과 의지의 작동이 개입하지 않는 신체 상태를 조성하는 것이 가능할까? 어쩌면 벤야민은 마르세유에서의 약물 실험을 통해 또 다른 가능성을 실험해보고자 했던 것인지도 모른다.

뭔가 낯선 것, 빠져나갈 수 없는 것이 다가온다. … 이미지들과 일련의 이미지들, 오래전에 잠겨버린 기억들이 등장하는데, 장면과 상황 전체가 생생하게 떠오른다. … 공간은 확장될수 있고 바닥은 가파르게 꺼질 수 있으며 공기의 센세이션도 등장하는데, 안개, 뿌옇게 흐려짐, 무거운 공기 같은 것들이 그것이다. 색깔들은 더 밝아지고 빛난다. 대상들은 더 아름답게 보이거나 거칠고 위협적으로 보인다. 전형적인 것은 꿈같은 상태와 깨인 상태의 끊임없는 교체, 전혀 상이한 의식 세계들 사이로 부단히, 결국 지칠 때까지 이리저리 내던져지는 모습이다. … 앞서 지나간 것에 대한 기억에서 종종 갑작스레 찢겨져 나옴으로 인해 맥락들은 어려워지고, 사유는 말로 형상화되지 못하며, 상황은 참을 수 없는 명랑성을 띔으로써 대마초를 복용한 사람은 몇 분 동안 웃는 일밖에 아무것도 못 할 수 있다.[15]

해시시는 이성의 무장을 해제시키고 신체의 감각을 바꿔놓는다. 일상의 풍경들과 사물들은 낯설어지고 습관과 관성의 힘으로 지각하던 세계의 모습은 비현실적으로 왜곡된다. 세잔의 그림이 촉발한 과거의 이미지는 벤야민에게 "일련의 이미지들과 오래전에 잠겨버린 기억들이 등장"하는 식으로 다시 경험된다. 세잔의 그림과 감응했던 모스크바에서의 경험은 마르세유에서의 해시시 경험과 유사하다. 예술작품과의 '우연한' 마주침이 감응을 극대화했다면, 약물 실험으로 느슨하게 풀어진 신경망을 통해 스며드는 도취의 감각 또한 이성을 버리고 신체의 감각을 전면화하는 방식으로 사물들의 세계와 감응하게 한다. 후자에 독특함이 있다면, "꿈같은 상태와 깨인

• •
15. 발터 벤야민, 최성만 외 옮김, 「마르세유에서 대마초」, 『일방통행로 / 사유이미지』, 길, 2008, 195–196쪽.

상태의 끊임없는 교체"를 경험했다는 점인데, 이것은 이미 이전에 초현실주의자들을 통해 확인된 바이기도 하다. 「프루스트의 이미지」를 발표하고 2년이 지난 후 「초현실주의」에서 그는 이렇게 말했다. "세계의 조직 속에서 꿈은 개성을 벌레 먹은 치아처럼 느슨하게 한다. 이처럼 도취를 통해 자아를 느슨하게 하는 일이야말로 이 사람들(초현실주의자들—인용자)을 도취의 마력에서 탈출시킨 생산적이고 생생한 경험이다."[16]

벤야민은 적어도 두 가지 측면에서 초현실주의를 긍정했다. 하나는 그들이 자명한 세계를 의심했다는 것이고 또 다른 하나는 그 의심으로부터 새로운 세계를 상상하고 작품으로 실천함으로써 혁명을 위한 에너지를 촉발하고자 했다는 점이다. 초현실주의 운동의 대표자였던 브르통은 「초현실주의 선언」(1924)에서 "삶에서 가장 덧없는 것에 대한 믿음이 현실의 삶에 대한 믿음"이라고 했고, 주어진 현실을 의심하며 '상상력의 권리'를 주장했다. 그는 상상력을 자명한 것으로서의 현실을 구성하는 절대적 합리주의의 태도와 맞설 수 있는 무기로 삼았다.

· ·
16. 발터 벤야민, 최성만 옮김, 「초현실주의」, 『역사의 개념에 대하여 / 폭력비판을 위하여 / 초현실주의 외』, 길, 2008, 146쪽.

브르통을 비롯한 초현실주의자들에게 상상력은 과거의 기억 혹은 경험을 현실화시킴으로써만 의미를 가질 수 있었고, 그들은 신체의 감각을 낯설게 만듦으로써 세계와 새롭게 만날 수 있는 다양한 방법들을 시도했다. 이를테면, 꿈을 꾸거나 도취의 상태를 유지하는 것은 초현실주의자들에게는 중요한 실험이자 작업의 하나였고(생 폴 루의 푯말, "시인은 작업중") 명료한 의식의 각성으로 들어가는 입구였다. "나는 겉으로는 상치되는 꿈과 현실이라고 하는 이 두 상태가 미래에 일종의 절대적 현실로, 일종의 초현실로 해소되리라고 믿는다."고 브르통은 말했고, 벤야민이 꿈의 역사에 대해 언급했을 때, 그것은 키치, 다다, 초현실주의자들의 실험에 대한 긍정을 포함하는 것이었다. "꿈의 역사는 아직 씌어져야 할 것으로 남아 있는데, 그 꿈의 역사에 대한 통찰을 연다는 것은 자연에 예속된 미신을 역사적 각성을 통해 부수는 것을 뜻할 것이다. 꿈꾸는 일은 역사를 형성하는 데 관여해왔다."[17]고 말했던 벤야민은 꿈에서 '사물들은 자신의 어떤 면을 드러내는 것일까? 가장 해진 부분이라는 게 무엇일까?'라고 질문했다.

　　브르통이 '일종의 절대적 현실'이라고 표현했던 초현실주의는 일체의 이성적 사유와 행동의 바깥에서 이루어지는 일종의

● ●
　　17.　같은 책, 161쪽.

"사고의 받아쓰기"와 관련된다. 아라공이 오페라 파사주를 산책하며 시도했던 것과 같은 의식의 자동기술법이 하나의 예이다.

> 오페라 파사주라는 거대한 바다, 거기에서 지팡이는 해초처럼 흔들리고 있다. 내가 아직도 마법과 같은 황홀함에 빠져 있을 때에 문득 다양한 진열창에서 인간의 모습을 한 형태가 헤엄치고 있다는 것을 알아챘다. … 처음에는 마치 나는 관습적인 의미에서 사이렌과 대면한다고 생각했다. … 그녀는 여전히 노래를 부르고 있었지만, 창문 진열대에 있는 파도소리와 해저에서 흐르는 웅성거리는 소리 때문에 그녀의 목소리는 들리지 않았다. … '이상적인 것이다!' 나는 흥분하여 할 말을 잃고 그저 외쳤다. 사이렌은 깜짝 놀란 얼굴로 나를 바라보고 두 팔을 내 쪽을 향해 뻗었다. 이때 진열대 전체에 걸쳐서 경련이 일어났다.[18]

오페라 파사주의 상점들 사이를 산책하던 화자는 지팡이들이 '해초처럼 흔들리고 있는' 상점의 쇼윈도 너머로 바다 속 풍경을 발견한다. 지팡이 가게에서 시작된 환상은 파사주의

18. 루이 아라공, 오종은 옮김, 『파리의 농부』, 이모션북스, 2018, 32쪽.

상점들 전체로 확장되고 인간의 모습을 한 사이렌을 발견할 때 분위기는 극적으로 고조된다. 파사주의 사이렌에게는 목소리가 없다. 카프카의 단편에 나오는 오디세우스가 침묵하는 사이렌과 맞섰듯, 파사주의 산책자는 목소리가 들리지 않는 사이렌과 대면한다. 카프카의 오디세우스는 사이렌의 침묵에 당황하지만, 파사주의 산책자는 들리지 않는 목소리의 제스처를 보고 '이상적인 것이다!'라고 외친다. 환상과 직면한 자에게 침묵은 최고의 환각 상태를 반증하는 것이라도 되는 듯.

아라공이 보여주는 뒤틀린 현실의 모습은 작가의 상상력이 극단에서 자신의 신체를 도취 상태로 밀어붙였을 때 발생한다. '해초처럼 흔들리고 있는' 지팡이에서 시작된 상상의 풍경은 사이렌과 만나면서 절정에 달했다가 상점 진열대의 진동에 이르러 파국을 맞고 그 틈을 타고 다시 현실의 세계는 제자리를 찾는다. 초현실주의적인 도취의 상상력은 아주 잠깐의 시간 동안 현실의 풍경을 터무니없는 것으로 바꿔버리거나 과거의 사건을 이곳으로 데려온다. 한 차례 주어진 현실의 왜곡이나 변형을 경험한 자의 신체는 이제 있는 그대로의 현실을 믿지 않는다. 상상력과 꿈꾸기는 새로운 실험과 시도, 다시 다른 세계와 접속하는 출발지가 된다.

훗날 『파리의 농부』의 일부로 편입된 루이 아라공의 「오페라 파사주」는 브르통의 「초현실주의 선언」과 같은 해에 발표되었다. 선언의 실험적 증거이자 일종의 예시였던 셈이다. 벤야민이 아케이드(파사주)를 일컬어 '상품들의 신전'이라고 불렀던 것은 「오페라 파사주」의 첫 문장, "오늘날 사람들은 더 이상 높은 곳에 있는 신들을 숭배하지 않는다."라는 그 문장과 정확히 호응하며, 아라공이 파사주를 산책하며 보았던 그 풍경들을 자본주의 시대의 물신주의에 대한 알레고리로 긴밀하게 해석하고자 했다.

아라공이 보여주었던 것처럼, 초현실주의자들은 의식적으로 환기하지 않아도 자연발생적으로 인간에게 제공되는 아편의 이미지 같은 어떤 이미지의 세계가 있다고 믿었다. 그들에게 이미지는 어떤 사물의 진정한 이미지로서 과거와 현재의 시간 속에서 '상상력'을 매개로 새롭게 부상한다. 그것은 유년 시절의 추억처럼 지금 이 세계에 존재하지는 않지만 풍요로운 것이라고 여겨지는 이미지, 정확하게 포착되지 않고 상궤에서 벗어난 것처럼 느껴지지만 현실 속에서 솟아오르는 이미지이다. 이러한 이미지를 통해 '자명한 현실'을 뚫고 '진정한 삶'을 각성하는 것이 초현실주의 이미지 실험의 원대한 목표였다. 따라서 초현실주의적 이미지는 비현실이 아니라, 현실의 본질을 자각하게 하는 또 다른 현실이며, 이때 중요한 것은 "초현실주의를 행동에 적응하는 일"(브르통)이 된다. 벤야민이 "(초현실주의자들에게) … 삶은 깨어남과 잠 사이의 문지방이 마치

이리저리 넘쳐흐르는 수많은 이미지들의 발자국들로 밟히듯이 모든 삶 속에서 밟혔을 때에만 살 만한 가치가 있는 듯이 보였다."[19]고 말했을 때, 이러한 감응적 이미지의 생산과 그것의 정치적 가능성을 염두에 둔 것이었던 셈이다. 이런 점에서 벤야민은 "이미지는 일상에서 경이를 만들어내고 경이롭게 살게 하기 위해 초현실주의가 사용하는 무기"라고 말했던 것이다.

초현실주의자들과 벤야민에게 이미지의 공간은 가장 중요하고 첨예한 정치의 공간이자 혁명의 전제조건이었다. 여기서 '이미지 공간'은 "정치적 유물론과 신체적 피조물이 … 변증법적 정의에 따라 어느 부분도 그것에서 찢겨나가지 않은 채로 있지 않도록, 서로 공유하는 공간, 변증법적 파괴 뒤에도 여전히 이미지 공간이며 신체 공간"[20]인 일종의 파편들의 구성체이다. 즉, 이미지 공간은 하나의 고정된 정체성의 신체를 무수한 파편들로 찢어버리며, 정치적 유물론과 변증법적 방법론에 따라 다양한 방식으로 파편들을 결합하고 해체하는 식으로 신체들의 다양한 조성을 실험하는 장소라고 할 수 있을 것이다.

여기서 신체는 개별 사물과 인간 개체, 그리고 그 집합 혹은

• •

19. 발터 벤야민, 위의 책, 145–146쪽.
20. 같은 책, 166쪽.

집단의 가시적이고 물질적인 형태를 부르는 이름이며 이때 '기술'은 이미지 공간 속에서 신체의 외부를 구성하는 '자연' (문화를 포함한)을 조직한다. "기술 속에서 그 집단에게 조직되는 자연은 그것의 정치적이고 객관적인 현실에 따라 볼 때, 저 이미지 공간 속에서만 생성될 수 있다. 그 자연 속에서 신체와 이미지 공간이 서로 침투함으로써 모든 혁명적 긴장이 신체적인 집단감응이 되고, 집단의 모든 신체적 신경감응이 혁명적 방전이 되어야만 비로소, 현실은 그 자체를 능가"[21]한다고 벤야민은 말한다. 자연은 인간을 둘러싼 생명계 전체와 인간이 기술을 통해 자연과 관계 맺으면서 만들어내는 문화적 환경들까지를 포괄하는 개념으로, 기술의 발달로 인간과 자연이 관계 맺는 방식은 계속 변화해간다. 필요에 의해 자연과 관계 맺던 방식은 개발과 문명화 과정이 심화될수록 자연을 이용한 이윤 생산과 잉여 축적은 가속화되며, 인간에 의한 인간의 지배라는 새로운 종류의 부정적 관계 또한 기술을 매개로 강화된다. 이미지 공간은 자연과 신체를 감응적인 관계로 바꿔냄으로써 혁명의 가능성을 상상하고 희망하는 장소이다.

이미지 공간은 자명한 것으로서의 현실과 완결된 전체로서

---

21. 같은 책, 160쪽.

의 세계를 의심하게 하는 장치로서 의미화 되고, "정치에서 도덕적 메타포를 추방하는 일, 정치적 행동의 공간에서 백퍼센트의 이미지 공간을 발견하는 일"이 초현실주의자들의 의무가 된다. 따라서 의식적인 도취 상태에서 현실의 기괴함을 발견했던 자들에게 무용한 사물들의 의미를 새롭게 발견하는 일은 우연의 결과만은 아니었던 셈이다.

> 최초의 철 구조물, 최초의 공장 건물, 최초의 사진들, 사멸하기 시작하는 대상들, 살롱의 그랜드 피아노들, 5년 전의 의상들, 유행이 물러가기 시작할 때의 상류층 스탠드바들이 그것들이다. 이 사물들이 혁명과 어떤 관계에 있는지는 아무도 이 작가들보다 더 정확하게 알고 있지 않다. 어떻게 해서 사회적 빈곤뿐만 아니라 똑같이 건축 상의 빈곤, 실내장식의 빈곤, 노예화된 사물들과 노예화시키는 사물들이 혁명적 니힐리즘으로 반전하는지를 이 예언자들과 기호해석자들 이전에 아무도 알아채지 못했다.[22]

벤야민은 초현실주의자들이 과거의 바다에서 길어 올린 그물 속에 있던 오래되어 낡고 무가치한 것들에 주의를 기울인

⠐ ⠐
22. 같은 책, 150쪽.

다. 그물 속에 있는 쓸모없는 것들은 초현실주의자들의 눈에 과거로 들어가는 입구이며 새로운 현실을 상상하는 싱싱한 이미지이고, 그들의 손에 잡히는 순간 새로운 예술작품의 재료가 된다. 그들은 가장 쓸모없는 사물들을 앞에 놓고 가장 전복적인 사고를 했고 가장 낯선 방식으로 그것들에 가치를 부여했다. 그는 초현실주의로부터 사물 세계를 극복하는 방법은 "과거를 향한 역사적 시선을 정치적 시선과 맞바꾸는 데 있다"는 것을 배운다. 훗날 그가 『아케이드 프로젝트』에서 프로젝트의 항목 속에 이전의 역사가들이 하지 않았던 방식으로 '쓸모없는 것들'을 배치할 수 있었던 것도 이때의 경험에 힘입은 바크다.[23]

'쓸모없는 것들'의 수집이 자명한 것들을 의심하는 태도 혹은 주어진 현실을 낯설게 바라보는 태도와 연관된다면, 초현실주의자들의 실험 혹은 경험은 '경험의 빈곤'[24]을 해소하는 예술적 실험에 속한다. 그들은 사물들 속에 숨겨진 분위기(아

⁙

23. 벤야민은 「초현실주의」를 『아케이드 프로젝트』의 서문 격으로 생각했고, 「프루스트의 이미지」를 「초현실주의」의 자매편으로 작성했다.
24. 벤야민은 '경험'을 자본주의적 생산방식 이전에 인간들이 경험했던 모방과 반복에 의한 학습과 생산이 가능했던 시대와 '공동체적 경험'을 염두에 둔 것으로, 신체의 감각 속에 저장되는 기억과도 연관된 개념이다. 그는 이것을 개인의 '체험'과 구별해서 사용한다. 프루스트와 보들레르에 관한 논문 그리고 「기술복제시대의 예술작품」에서 이와 관련된 벤야민의 문제의식을 확인할 수 있다.

우라)를 실감하고 경험을 회복하기 위해 꿈을 꾸거나 약물을 통한 도취를 기도했는데, 이때 도취는 감각적 향유에 머물지 않고 '범속한 각성'으로 연결된다. 중요한 것은 "혁명을 위한 도취의 힘들을 얻기"이다. 초현실주의의 가치는 악마주의, 무정부주의 등에 있는 것이 아니라, 일상을 낯선 것으로 뒤집어봄으로써 누추한 현실의 기만성을 드러내고 그것을 혁명을 위한 각성과 실천으로 연결시키는 데 있다고 벤야민은 생각했다. "환각제 도취에 관한 제아무리 열정적인 연구도 사유의 범속한 각성이 환각제 도취에 관해 가르쳐주는 것의 절반만큼도 사유에 관해 가르쳐주지 않을 것"이기 때문이다.

초현실주의자들에게 경험의 능력을 회복시키는 도취는 이성의 끈을 느슨하게 만듦으로써 신체의 감각을 예민하게 만드는 것, 사물과 감응할 수 있는 새로운 신체의 감각 능력을 확보하기 위한 실험이었다. "도취를 통해 헐거워진 자아는 모든 사물, 특히 아주 작은 사물에 적극 감응할 수 있고 이 감응력을 통해 모든 사물로부터 스며 나오는 모종의 유동적, 장식적 아우라를 통각"[25]할 수 있기 때문이다. 이러한 경험들을 통해 초현실주의는 선언문, 구호, 기록, 허풍, 위조 등을 새로운

• •

25. 하워드 아일런드, 마이클 제닝스, 김정아 옮김, 『발터 벤야민 평전』, 글항아리, 2018, 400쪽.

예술의 표현으로 실험할 수 있었다. 그들에게 중요한 것은 초현실주의를 실천하는 일이었고, 브르통의 말처럼 "삶은 다른 곳에 있다"는 것을 그들은 의심하지 않았다.

3. 사유에서 감응으로

독일 낭만주의나 괴테의 소설에 관한 글을 썼던 1920년대 초반까지만 해도 벤야민의 문제의식은 큰 틀에서 '진리의 장소'를 고민했던 철학의 전통적 테마로부터 크게 벗어나지 않았던 것처럼 보인다. 하지만 진리를 보관하는 장소로서 예술 작품을 바라보거나 주체의 관점에서 작품에 감정이입하는 그의 태도는 우연한 기회에 작품과 새롭게 마주치는 하나의 사건 속에서 전면적으로 재조정되었다. 모스크바의 박물관에서 세잔의 작품과 만났던 방식은 그에게 이후로 자연과 교감하는 신체의 능력을 상실한 인간이 세계와 관계 맺는 경험적 방법을 다시 불러낼 수 있는 유의미한 방법론으로 전유된다. 예술이 사유의 대상에서 감응을 촉발하는 신체로 바뀌었을 때, 그것은 정치적이고 혁명적인 목표를 중심으로 인간의 신체를 각성에 이르게 하는 '효과' 속에서 의미를 지니게 되며, 이러한 입장은 '아우라의 소멸' 혹은 예술작품의 가치를 대하는 그의 태도 속에서도 일관되게 나타난다.

　이를테면, 「괴테의 친화력」에서 벤야민이 예술작품의 진리 내용과 사실내용을 가르고, '표현할 수 없는 것'이라는 개념을 동원했을 때, 그것은 예술작품의 '종교의식적 성격'이나 '숭고미'를 추출하는 것과 무관하지 않았다. 하지만, 복제기술이 예술작품에 미치게 된 효과에 대한 것으로 고민의 중심이 이동했을 때 더 이상 '표현할 수 없는 것'이라는 개념은 유의미하게 고려되지 않았다. 그에게 중요했던 것은 아우라가 붕괴된 기술복제 시대에 예술은 무엇일 수 있을까 혹은 그러한 예술과 감응적 관계를 형성하는 것이 가능할까 하는 것이었기 때문이다. 『기술적 복제시대의 예술작품』에서 벤야민이 예술과 정치가 관계 맺으며 만들어내는 특정한 배치, 즉 "파시즘이 행하는 정치의 예술화"와 "공산주의의 예술의 정치화"를 대비시켰을 때 이러한 문제의식은 첨예하게 드러난다. 기술의 진보가 일상과 제도, 분과 학문의 제 분야에 발전을 가져왔듯, 예술의 영역에서도 그것이 가능할까, 혹은 예술창작의 과정과 결과물이 만들어내는 감성적이고 감응적인 효과를 '진보'라는 단일한 기준에 따라 판단할 수 있을까와 같은 질문과는 별개로 벤야민에게 중요했던 것은 기술과 예술의 마주침 속에서 만들어지는 감응의 결과물이었고, 기술 자체가 아니라 생산수단의 소유와 그것의 활용 그리고 효과에 있었던 것이다.

예술작품을 개인의 창조물이 아니라 복잡한 여러 조건들의 '구성물'로 바라보는 벤야민의 태도는 자본주의적 생산관계, 복제기술의 진보, 물신숭배 대상으로서의 예술작품 등이 핵심적 고려사항으로 첨가되면서 더욱 선명해졌다. 「기술적 복제시대의 예술작품」을 발표하기 한 해 전, 「생산자로서의 작가」에서 벤야민은 이미 문학작품을 "살아 있는 사회의 상관관계(생산관계)" 속에 두는 변증법적 방법으로 취급해야 한다고 말했고, "한 시대의 문학적 생산관계 내부에서 작품이 갖는 기능"과 "작품의 문학적 기술Technik"을 핵심적인 고려사항으로 제시한 바 있다. 이때, "문학적 에너지를 위한 출발점을 제시해주는 표현형식들"과 연관된 '기술'은 작가들이 가져야 할 혁명적 관점, 그리고 예술 생산기구의 변혁과 더불어 '올바른 경향(정치적이고 문학적인)을 지닌 예술작품'을 구성하는 핵심 조건이 된다. 문학과 예술은 이제 전통적인 미학적 개념만으로는 그 의미를 온전히 파악할 수 없는, 정치적이고 사회적이며 기술적인 조건들까지도 관여하는 복잡한 장치의 결과물이 된 것이다. 이러한 방식으로 생산된 예술작품은 또 다른 의미에서 벤야민이 말했던 "문학적 에너지를 위한 출발점"이 된다. 작품은 그것을 읽는 독자들과 감응적 관계를 형성하고, 그 안에 담긴 올바른 정치적 경향성을 공유하는 독자들에게 실천을 촉발하는 각성의 촉매가 될 수 있기 때문이다.

이런 점에서 벤야민에게는 각 장르나 분야 간의 고립과 단절을 뛰어넘어 낯설고 새로운 방식으로 서로를 연결하는 시도와 실험이 중요했다. "회화적 요소와 관계가 있었던 입장권, 실패꾸러미, 담배꽁초 등을 합쳐서 한 장의 정물화를 만들어낸" 실험결과를 앞에 두고 다다이스트의 목소리를 빌어 벤야민은 이렇게 말한다. "봐라, 너희들이 보는 그림 액자는 시간을 폭파하고 있다. 일상생활의 사소하기 짝이 없는 진실한 파편들이 회화보다도 더 많은 것을 말해주고 있다." 음악의 영역에서라면, 연주자와 청중의 대립, 기술과 내용의 대립을 제거함으로써 음악이 현실화되는 방식을 질문한다. 혹은 서사극에서 줄거리를 '중단'하는 실험은 어떤 상황을 재현하는 것이 아니라 '발견'하는 능력을 촉발한다. 현실의 요소들을 실험적으로 배치하는 이러한 서사극의 방법은 사건의 진행 과정을 '정지 상태'에 이르게 하고, 청중과 배우는 이것을 계기로 '어떤 입장', 혹은 각성을 요구받게 된다.

　「생산자로서의 작가」, 그리고 「기술적 복제시대의 예술작품」을 통해 벤야민은 문학과 예술에 관한 전통적인 개념들 혹은 부르주아적이고 낭만적인 미학의 개념들을 맑스주의적 유물론의 관점에 입각하여 보다 정치적인 쪽으로 이동시키고자 했다. 이를 위해 그는 기술과 생산기구와 작품과 사람들을 한꺼번에 문제 삼지 않을 수 없었다. 그는 문학과 예술을 조성하는 '감응장치'의 변혁을 주장하는 것으로부터 정치에 올바르게 개입하는 것을 비평가의 임무로 삼았던 것이다. 그 자신은 감응이나 장치라는 개념을 사용하지 않았지만, 우리는 그의 논의들을 혁명적 '감응장치'의 조건들에 관한 것이라고 바꿔 부를 수도 있을 것이다. 다만, 푸코와 아감벤에게 '장치'[26]가 권력을 훈육하는 기관과 기술, 그리고 그것을 내면화한 주체를 통칭하는 개념이었다면, 벤야민에게 그것은 권력에의 포섭과 그것으로부터의 탈주가 함께 잠재해 있는 조금 더 유연한 개념일 수 있다. 그에게 문제는 누가 그것을 어떻게 사용하고 어떤 효과를 불러일으키는가, 어떤 경향으로 현행화되는가에 있었기 때문이다.

· ·

26. 아감벤은 장치에 대해 이렇게 말한다. "푸코가 말하는 장치는 이미 아주 넓은 부류인데 이것을 더 일반화해서 나는 생명체들의 몸짓, 행동, 의견, 담론을 포획, 지도, 규정, 차단, 주조, 제어, 보장하는 능력을 지닌 모든 것을 문자 그대로 장치라고 부를 것이다. 따라서 감옥, 정신병원, 판옵티콘, 학교, 고해, 공장, 규율, 법적 조치 등과 같이 권력과 명백히 접속되어 있는 것들뿐만 아니라 펜, 글쓰기, 문학, 철학, 농업, 담배, 항해(인터넷 서핑), 컴퓨터, 휴대전화 등도, 그리고 언어 자체도 권력과 접속되어 있다. 언어는 가장 오래된 장치인지도 모른다. 수천 년도 전에 영장류는 … 무심코 언어라는 장치에 포획됐다."(아감벤, 양창렬 옮김, 『장치란 무엇인가』, 난장, 2017, 33쪽.)

증언의 문학성과 시적 감응의 정치성

송 승 환

1. 상상, 증언의 문학적 형식

로베르 앙텔므Robert Antelme(1917–1990)의 『인류*L'espéce hu-maine*』(1947)¹는 독일 강제수용소 체험의 기록이다. 제2차 세계

1. 국역본은 『인류』(고재정 옮김, 그린비, 2015)라는 제목으로 출간되었다. 그런데 원제 '*L'espéce humaine*'는 '종(種)'을 함의하는 '*espéce*'의 의미와 함께 '인간은 어떻게 (비)인간이 되는가'라는 로베르 앙텔므의 물음을 담고 있기에 『인간이라는 종(種)』이 제목으로 더 타당해 보인다. 이에 대하여 조르조 아감벤은 "앙텔므가 '인류(le genre humain)'라는 보다 익숙한 용어를 언급하는 대신 '종(espéce)'이라는 전문적 표현을 사용하고 있는 점은 중요하다. 왜냐하면 그것은 도덕적 혹은 정치적 연대의 선언이 라는 문제가 아니라 엄밀한 의미에서 생물학적 소속의 문제이기 때문"임

대전 중에 프랑스 레지스탕스였던 그는 1944년 6월 독일군에 체포된다. 그는 파리 근교의 프렌Fresnes 형무소, 콩피에뉴compiègne 임시수용소를 거쳐 1944년 8월 독일의 부헨발트Buchenwald 강제수용소로 이감된다. 다시 10월 부헨발트 부설 작업반 간더스하임Gandersheim으로 이송되고 간더스하임의 비행기 조립 공장에서 강제노역에 시달리며 수감 기간의 대부분을 지낸다. 1945년 4월 연합군의 공격과 독일군의 후퇴로 인해 간더스하임을 떠나서 10일간 걸어간 '죽음의 행진', 숱한 동료들의 죽음을 목도한 13일간 '죽음의 열차' 여정 끝에 4월 27일 다하우Dachau 수용소에 도착한다. 그리고 4월 29일 다하우 수용소는 미군에 의해 해방된다. 극도의 영양 결핍과 누적된 피로로 인해 거의 죽음에 다다랐던 앙텔므는 다하우 수용소로부터 극적으로 구조되어 파리로 귀환한다.

『인류』는 간더스하임 작업반의 일상을 기록하여 책의 절반 이상 분량을 차지하는 1부 「간더스하임」, 10일간 걸어간 죽음의 행진을 기록한 2부 「길」, 13일간 죽음의 열차 여정과 다하우 수용소에서 보낸 사흘을 기록한 3부 「끝」으로 구성되어 있다.

● ●

을 강조한 바 있다. 그런 이유로 이 글은 '인간이라는 종(種)'의 의미를 공유하는데, 다만 글의 일관성을 위해 『인류』(고재정 옮김, 그린비, 2015)로 통일하고 인용은 이 책의 쪽수만 밝히기로 한다. 조르조 아감벤, 정문영 옮김, 『아우슈비츠의 남은 자들: 문서고와 증인』, 새물결, 2012, 88쪽. 이하 인용은 쪽수만 밝히기로 한다.

이 목차 구성은 『인류』의 특성과 목적을 유추할 수 있는 기점을 만든다. 그것은 『인류』가 시간의 흐름에 따른 논리적 구성과 인과적 서사로 이뤄졌다는 점을 시사한다. 『인류』는 살아남은 자의 증언과 나치의 폭력에 대한 고발을 중요한 기록으로 내세운 르포르타주^{reportage}로서의 증언록에 그치는 것이 아니다. 『인류』는 앙텔므의 지적 사유와 성찰의 결과로서 구축된 증언 '문학'이다. 무엇보다 『인류』의 「머리말」은 그가 말하고자 하는 의도와 있는 그대로 말하는 증언의 불가능성을 고백한다.

그러나 처음부터 우리가 사용할 수 있는 언어와 우리의 체험, 그 대부분이 아직도 우리의 온몸을 짓누르고 있던 체험 사이의 간극을 메우는 것은 불가능해 보였다. 우리가 어떻게 이 지경에 이르게 되었는지 설명하려는 시도를 어떻게 단념할 수 있겠는가? 우리는 여전히 그곳에 있었다. 그럼에도 설명은 불가능했다. 말문을 여는 순간 우리는 숨이 막혔다. 우리 자신들에게조차, 우리가 해야 할 말은 상상 불가능한 것으로 보이기 시작하였다.

우리가 겪은 체험과 그에 대해 할 수 있는 이야기 사이의 불균형은 그 후 확고해질 뿐이었다. 그러니까 우리는 상상을 초월한다고 일컬어지는 현실 중 하나와 맞닥뜨린 것이 분명했다. 이제 우리가 그것에 대해 무엇인가를 말하려고 시도할 수 있다면 그것은 오직 선택에 의해, 즉 여전히 상상에 의해서 일 뿐임이 분명해졌다.

    나는 여기서 한 독일 강제수용소(부헨발트)의 한 코만도(간더스하임) 생활을 재구성해보려 했다.(『인류』, 6–7쪽)[2]

그는 1945년 귀환 직후부터 자신이 체험한 강제수용소에 대하여 "말하기를 원했고, 마침내 누군가 들어주기를 원했"다고 밝힌다. 그는 자신이 경험한 강제수용소의 생생한 체험과 그 기억을 "있는 그대로 말하고 싶은 격렬한 열망"으로 가득했다고 고백한다. 그러나 그는 강제수용소의 체험과 언어 사이의 간극을 메우는 것은 불가능하다고 말한다. 왜냐하면 우리가 "상상을 초월한다고 일컬어지는 현실"이 강제수용소에서 발생했는데, 그 "상상 불가능한" 현실을 완벽한 재현 언어로 말한다는 것은 고통스러운 기억이며 재현의 불가능성을 재확인하는 것이기 때문이다. 그런 이유로 그는 "그것에 대해 무엇인가를 말하려고 시도할 수 있다면 그것은 오직 선택에 의해, 즉 여전히 상상에 의해서일 뿐임이 분명"하다고 밝힌다. 『인

- -

  2. 강조는 앙텔므가 이탤릭체와 정자체를 대비시켜 강조한 것을 번역자가 강조한 것이다.

류』는 사실적인 증언의 연대기가 아니라 앙텔므의 기억에서 선택된 사실과 그 사실 사이의 간극을 메우는 '상상'에 의한 글쓰기 결과인 것이다. "독일 강제수용소(부헨발트)의 한 코만도(간더스하임) 생활을 재구성"한 것이다. 아우슈비츠–비르케나우Auschwitz–Birkenau 소각장에서 발견한 네 장의 사진 이미지에 대한 분석을 통해 "기억하기 위해서는 상상"[3]해야 한다는 조르주 디디–위베르만처럼, 그는 사실에 근거한 상상의 도움을 받아서 연대기의 불완전성을 극복할 수 있는 개연성의 보편성, 필연성의 논리적 구성에 따른 글쓰기를 수행한다. 그 결과가 『인류』의 시간 흐름에 따른 논리적 구성과 인과적 서사이다. 그런 점에서 『인류』는 강제수용소의 기록과 증언을 담은 '증언' 문학이 아니라 증언 '문학'이다.

아리스토텔레스가 『시학』 9장[4]에서 이미 언급한 바와 같이, 시인은 "실제로 일어난 일을 이야기하는 것이 아니라 개연성과 필연성의 질서에 따라 일어날 수 있는 일을 이야기"한다. "연대기 작가는 실제로 일어난 일을 이야기"하지만 "시인은 일어날 수 있는 일을 이야기한다는 사실에 차이"가 있다. 아리스토텔레스는 "바로 이런 까닭에 시는 연대기보다 더 철학적이고

• •

3. 조르주 디디–위베르만, 오윤성 옮김, 『모든 것을 무릅쓴 이미지들(*Images malgré tout*)』(2004), 레베카, 2017. 51쪽.
4. 아리스토텔레스, 김한식 옮김, 『시학』, 펭귄클래식, 2013, 196–198쪽.

더 고귀하다. 시는 보편적인 것을 다루는 데 반해 연대기는
특수한 것을 다루기 때문"이라고 말한다. 바로 앙텔므는, 연대
기 작가가 아니라 시인으로서 자신의 사실적 체험에 근거한
'상상'에 의지하여 사실임직 한 개연성과 인과적 서사를 『인
류』에서 전개한다. 그는 자신의 체험을 과장하거나 개인적
증언을 절대화하지 않고 강제수용소의 폭력과 수감자 증언의
보편성을 추구함으로써 『인류』의 문학성, 그 시적 특성을
견지한다.

　『인류』의 목차는 앙텔므가 최초로 수감된 부헨발트 강제수
용소로부터 시작하지 않는다. 그것은 부헨발트에서부터 파리
로의 귀환까지 핍박받은 고통과 억압을 연대기적으로 나열하
고 강조하려는 의도가 없었음을 드러낸다. 『인류』는 부헨발트
에서 이감되는 과정에서 발생하는 일련의 사태에 대한 성찰,
새로운 카포kapo, 감시원 권력의 탄생, 간더스하임의 일상적 폭력
이 수인의 신체에 각인시키는 감응affect5의 개연성과 필연성의

· ·

5. "우리들이 아무런 감응도 느끼지 않던 사물이, 우리와 유사한 사물로서
　　어떤 감응에 자극되는 것을 상상한다면, 우리는 그것으로 인해 유사한
　　감응을 겪는다"고 '감응(affect)'을 정리한 스피노자는, 무엇보다 감응이
　　각자의 신체를 변화시킨다는 점을 강조한다. 베네딕투스 데 스피노자,
　　강영계 옮김, 「제3부 정리 27」, 『에티카』, 서광사, 1990, 155쪽. 번역은
　　수정. '감응'에 대한 세부 논의는 최진석, 『감응의 정치학: 코뮌주의와
　　혁명』, 그린비, 2019 참고. 이하 인용은 쪽수만 표기하기로 한다.

보편성을 바탕으로 ‘1부 간더스하임’으로부터 시작한다. 그가 『인류』를 ‘1부 간더스하임’으로 시작하여 ‘2부 길’과 ‘3부 끝’으로 마무리한 것은, 그가 선택한 기억의 서사와 그가 의도한 문학적 형식의 결합을 통해 『인류』의 시적 효과와 그 정치성을 극대화하려는 글쓰기에서 기원한 것이다. 그는 프랑스 레지스탕스 활동을 하기 전부터 편집자이자 지식인이었으며 시집 출간을 준비하던 시인이었다. 그가 『인류』에서 그리워한 M은 다름 아닌 소설가 마르그리트 뒤라스였다. 그는 그녀와 1939년에 결혼하고 프랑수아 미테랑(후일 프랑스 대통령)이 이끄는 레지스탕스 활동을 하다가 1944년 게슈타포에게 체포되었다. 전기적 배경은 그가 글쓰기의 자의식과 함께 문학적 형식[6]에 대한 훈련이 체화되어 있었음을 시사한다.

‘증언’ 문학이 증언 ‘문학’으로 성립하기 위해서는 글쓰기의

----

6. 김형중은 최윤의 중편소설 「저기 소리 없이 한 점 꽃잎이 지고」를 분석한 글에서 “5·18의 기억에 관한 그 불가능한 언어의 형식”은 “돌림노래 형식”임을 주목한다. “이 형식은 최초에 최윤이 고안”했으며 “기억상실과 실어증에 걸린 소녀는 악곡의 주제부다. 그러나 소녀에겐 기억도 없고 언어도 없으므로 이 주제부는 ‘공백’이다. 차마 입에 담지 못할 5·18의 기억은 바로 그 공백에서 오히려 생생하게 보존”됨을 명시한다. “오월문학에 있어 ‘노래’는 언어 너머의 공백을 보존하면서 증언의 영역을 열어놓는 불가능한 언어의 형식이다. 그리고 형식이 사람보다 강한 법”이다. 김형중, 「총과 노래 2」, 『후르비네크의 혀』, 문학과지성사, 2016, 59쪽, 67쪽.

자의식과 함께 무엇보다 문학적 형식을 필요로 한다. 앙텔므의 증언과 그 문학적 형식은 앙텔므처럼 강제수용소에 수감되었다가 극적으로 귀환한 이탈리아 유대인 프리모 레비[Primo Levi](1919–1987)의 첫 저작『이것이 인간인가』(1947)[7]에서도 나타난다. 레비는 강제수용소에서의 수감 생활과 귀환을 단테의 『신곡』 여정에 비유하면서 그 문학적 형식으로서 '지옥'으로의 여행과 생환 과정을 지성적 태도로 묘파한다. 역시 강제수용소에서 살아남은 루마니아 유태인 파울 첼란[Paul Celan](1920–1970)은 푸가의 형식을 통해 강제수용소의 참혹함을 「죽음의 푸가[Todesfuge]」(1945)로 쓴다. 영화의 경우, 헝가리 감독 라슬로 네메시[László Nemes](1977–)의 첫 장편영화 <사울의 아들>[8]은 1944년 아우슈비츠-비르케나우의 살육 현장을 담는다. 라슬로 네메시는 1944년 비르케나우 5호 소각장의 존더코만도[Sonderkommando, 소각장 유대인 특수조직] 수인들이 찍은 네 장의 사진으로부터 영화를 제작한다. 그러나 그는 역사적 현장의 참혹함을 프레임 내부의 이미지로 재현하는 방식이 아니라 프레임

⠄⠄

7. 프리모 레비, 이현경 옮김,『이것이 인간인가』, 돌베개, 2007, 이하 쪽수만 밝히기로 한다.
8. 영화 <사울의 아들(*Saul fia*)>(2015)에 대한 분석은 조르주 디디-위베르만, 이나라 옮김,『어둠에서 벗어나기(*Sortir du noir*)』(2015), 만일, 2016 참고.

바깥에서 끊임없이 프레임 내부로 공습하는 폭력, 그 '사운드
의 공습'[9]을 양식화한다. 그것은 말할 수 없고 재현할 수 없는
장면을 관객들이 직접 상상하도록 이끄는 영화의 형식이다.
증언의 문학적 형식은 강제수용소의 체험과 언어 사이의 간극
과 공백을 열어둔다. 그 공백에서 증언의 효과는 극대화되고
살아남은 증언자보다 더욱 오래 살아남아서 돌아오지 못한
자와 아우슈비츠를 망각한 사람들에게 강제수용소의 지옥을
증언한다. 그 공백에서 발생하는 상상, 증언의 문학적 형식은
생환하지 못하여 증언하지 못한 자의 침묵과 재현 불가능한
언어의 가능성을 양식화한다. 그것은 말할 수 없는 것의 말할
수 있는 가능성을 증언하고 실천하는 문학의 정치성이다.

2. 신체의 감응과 공백의 언어

앙텔므는 강제수용소가 신체에 가한 폭력과 감응을 기록한
다. 그가 수감되었던 간더스하임 강제수용소는 유대인 대량
학살을 위해 가스실과 소각로가 설치되고 운영된 아우슈비츠

• •

9. 영화 <사울의 아들>을 이미지의 재현이 아니라 '사운드의 공습'의 관점으
   로 분석한 글은 졸고, 「시적인 것과 언어의 형식」, 『전체의 바깥』, 문학들,
   2019, 183–191쪽 참고.

비르케나우의 수용소가 아니었음에도 불구하고 "끊이지 않는 억압, 점진적 소멸" 기계였음을 기록한다.

> 우리 모두는 이곳에 죽기 위해 있다. 그것이 친위대가 우리를 위해 선택한 목표다. 그들은 우리를 총살에도, 교수형에도 처하지 않았다. 그러나 우리는 의도적으로 굶주림에 처해져 예정된 죽음에 이르게 되어 있다. 그 시기만 개인차가 있을 뿐이다. 각자의 유일한 목표는 따라서 죽지 않도록 하는 것이다. 우리가 먹는 빵은 언제나 배가 고프기 때문에 맛이 있다. 그러나 빵은 배고픔을 달래줄 뿐 아니라, 빵과 함께 몸 안에서 생명이 스스로를 수호한다는 것을 우리는 알고 또한 그것을 느낀다. 추위는 고통스럽다. 그러나 친위대는 우리가 추위로 인해 죽기를 원한다. 추위 속에는 바로 죽음이 들어 있기 때문에 우리는 추위로부터 우리를 보호해야만 한다. 노역은 고단하고, 우리에게는 부조리하고, 우리를 마모시킨다. 친위대는 우리가 노역으로 죽기를 바란다. 따라서 일을 할 때는 우리 자신을 아껴야 한다. 죽음이 그 안에 있기 때문이다. 그리고 시간이 문제다. 친위대는 우리가 먹지 않고 노역을 하다 보면, 결국 죽을 거라고 생각한다. 친위대는 그들이 우리를 피로에 의해, 다시 말해 시간을 통해 죽게 할 수 있다고 생각한다. 죽음은 시간 속에 있다.(『인류』, 61쪽)

여기에 내가 겪었던 것을 옮겨 적는다. 그곳의 공포는 거대한 것이 아니었다. 간더스하임에는 가스실도, 시체 소각장도 없었다. 그곳의 공포는 어둠, 지표의 절대적 부재, 고독, 끊이지 않는 억압, 점진적 소멸이었다. 우리 투쟁의 원동력은 인간으로 남겠다는 필사적 요구, 그마저도 거의 언제나 고독한 필사적 요구였다.(『인류』, 9쪽)

친위대가 행사한 신체에 대한 폭력은 수감자들의 육체와 정신에 감응을 일으키고 변화시킨다. 수인들은 굶주림과 추위에 시달리고 매일 정확한 오열로 점호를 받는다. 머릿속에는 오직 배고픔을 견뎌내고 살아남기 위해 '빵'에 대한 생각으로 가득 차 있다. 끝없는 노역 속에서 유일한 휴식은 배설을 위한 '변소'에서 머무는 순간이다. 그 변소는 인간의 자존감을 유지시켜줄 칸막이조차 없다. 하루의 일과가 끝나고 지친 몸을 눕히면서 청하는 잠은 휴식과 꿈을 위한 것이 아니라 내일의 노역을 위해 어쩔 수 없이 쓰러지는 잠이다. 매일 반복되는 수용소의 노역은 수인들의 신체를 변화시킨다. 모두 동일한 삭발 머리와 줄무늬 수인복을 입은 익명의 존재가 됨으로써 모두 비슷해진다. 고개를 숙이고 눈빛이 사라지고 구부린 어깨와 메마른 신체. 그리하여 수인들의 신체적 "감응은 상호 작용의 흔적으로서만 새겨져, 그 효과를 지속적으로 재생산한다. 이런 의미에서 나—주체에게 생긴 타자의 이미지는 그의 것인 동시에 나의 것이고, 누구의 것도 아니라 양자 사이의 감응이 작용하여 생산한 공—동적共—動的 산물'[10]이 된다. 그 '공—동적 산물'로서 수인들의 신체는 이름이 지워지고 숫자로 불리면서 얼굴 없는 비인간에 가까워진다. 수인들 관리의 편의성을 위해 이름 대신 명명된 숫자는 인간의 고유한 정체성을 지우고 무無로 만든다. 그 이름에 새겨진 한 사람의 삶과 역사는 숫자로 제거되고 수용소 총 인원의 확인을 위한 단위로 변모한다. 이것은 도구화된 이성의 합리성이며 전체주의의 특성을 드러낸다. 오히려 친위대에 의해 이름이 불리는 것은 그 이름에 응답하는 수인의 생명이 위태롭거나 죽음에 처해질 확률이 높아진다. 본인의 이름이 불리지 않도록 주의하는 신체의 움직임이 생명을 지속할 수 있는 수용소에서의 처세이다. 강제수용소는 일상적인 생명 정치가 작동한다. 강제수용소는 수인과 그 동료들이 무명의 존재가 되기 위한 부단한 노력을 감내해야 하는 익명의 공—동체共—動體인 것이다.

익명이 된다는 것은 이름의 소멸과 함께 정체성을 드러내는

· ·
10. 최진석, 「1장 감응의 이미지」, 앞의 책, 32–33쪽. 이하 '공—동체(共—動體)'의 개념은 최진석의 논의에서 비롯한 것이다.

얼굴의 제거까지 포함된다. 줄무늬 수감복은 수인의 유일한
소지품이다. 갈아입을 옷과 목욕할 기회는 제공되지 않는다.
반복되는 노역으로 인해 더럽고 수척한 얼굴, 다듬지 못한
머리칼과 헤진 줄무늬 수감복은 수감자들 사이의 구분을 지운
다. 친위대에게 수인들은 모두 하나의 더러운 줄무늬 덩어리일
뿐이다. 거울조차 없는 수용소에서 자신의 얼굴은 타인의 얼굴
을 통해 추측할 수 있을 뿐이다. 수인들은 점점 자신의 얼굴을
망각한다. 수용소 이전의 아름다운 기억은 현전할 수 없어서
고통스럽다. 가족과 연인에 대한 추억에서 현재의 수인 신분으
로 돌아올 때마다 기억은 더욱 고통스럽다. 점점 얼굴 없는
비인간이 되어간다. 얼굴은 자신의 정체성과 '여기-있음'을
드러내는 기호로서 타자와 대면하는 장소이다. 얼굴은 타자를
인식하고 타자와의 만남을 통해 대화의 가능성을 만들어내는
한편, 타자와의 공존과 환대를 생성하는 장소인데, 수용소의
수인들은 얼굴 없는 비인간이 되어감으로써 얼굴이 부재하는
'있다ⅱ y a~'의 '공동체共同體'가 되어간다. 인간으로서의 존엄
성을 상실하고 오직 살아남기 위한 동물이 되어간다.

　　나는 수용소에서 이름들이 불리는 것을 생각한다. 명명하
　는 것은 말의 죽음의 놀이를 동반한다. 이름의 임의성, 이름을
　앞서거나 동반하는 익명성, 명명의 비인격성은 끔찍한 방식으

로, 언어가 살인자의 역할을 수행하는 상황에서 명백히 드러난다. 고유명 ─ 숫자 ─ 은 그것을 지시하는 힘 그 자체에 의해, 한정 없는 언어의 힘에 의해 그 고유성을 상실한다. 여기서 "고유명"은 무엇을 의미하는가? 거기에 몸소 현전할 권리가 아니라, 반대로 바깥의 추위와 피로 속에서, 공적인 자리로 끌어내지는 무서운 의무이다. 사적인 불행의 이름으로 자신을 보존하고자 하는 것이 어떤 피난처도 제공함이 없이 말이다. 자기가 문제일 때, 자기의 어떤 것도 소유하거나 보존하는 것의 금지는 이름 혹은 그 이름을 대신하는 것의 선언에 의해 발설된다. 수용소에서의 호명은, 어떤 적절한 은닉의 장소도 남기지 않는 방식으로, 주민등록의 모든 형식적 의미를 (우리의 정교한 문명에서 경찰의 자유로운 폭력과 박탈에서 일어나는 신분의 확인에서처럼) 드러낸다. 언어는 소통하지 않고, 그 자신의 고유한 벌거벗음 ─ 바깥에 놓기 ─ 에 벌거벗긴다.[11]

앙텔므의 『인류』로부터 큰 영향을 받았던 블랑쇼는 수용소에서의 이름과 숫자에 관하여 사유한다. 이름이 아니라 숫자로

. .
11. 모리스 블랑쇼, 박영옥 옮김, 『저 너머로의 발걸음(Le pas au-delà)』 (1973), 그린비, 2019, 65-66쪽. 이하 인용은 쪽수만 밝히기로 한다.

호명된 수인은 생명이 당분간 보존되는 익명인들의 바깥으로 불려 와서 정체성이 확인되는 순간 역설적으로 죽음과 폭력에 노출되는 생명체일 뿐이다. 수인들은 이름과 정체성을 부인해야 한다. 이름과 정체성의 부인만이 자신의 생명을 지속할 수 있다. 그 이름과 정체성의 부인은 예외적 상황이 아니다. 수용소에서 예외적 상황은 일상적이다. 친위대가 호명하는 이름은 고유한 존재의 빛나는 현존이 아니라 고유한 의미가 무화無化되고 상실되는 기호로써 생명 없는 사물에 가까워지는 죽음의 선고이다. 수인들은 계속 생명을 유지할 수 있는 이름 없는 존재가 되기를 갈망함으로써 비인간에 가까워지고 비인칭非人稱, Impersonnalité 존재가 된다. 스테판 말라르메는 「에로디아드Hérodiade」에서 보석과 광물이 될 수 있는 죽음을 실천하여 영원히 아름다워지려는 '에로디아드', 유한한 인간의 육체와 우연한 언어의 문법과 무관하게 우주의 보편적 질서를 수행하는 단 한 권의 책, 「주사위 던지기Un coup de dés」에서 "북두칠성le septentrion"이 되는 비인칭적 존재를 지향한다. 블랑쇼는 앙텔므의 『인류』를 경유하여 말라르메의 '비인칭'에 아우슈비츠의 흔적과 정치성을 새겨놓는다. 말라르메의 '비인칭'은 블랑쇼의 '비인칭'과 결합됨으로써 미학성에서 정치성까지 확장시킨 미학적 정치성의 개념으로 기입된다. 그리하여 친위대에게 호명되지 않은 이름은 익명화되고 숫자로만 표시되는 수인들의 비인칭은, 단지 '있다ll ya a~'의 신체, 그 벌거벗은 존재가 된다.

비인칭의 신체, 벌거벗은 존재로서 수인은 '죽음'이 완료된 '명사'의 '있음'이 아니라 '죽어감'의 점진적 소멸로 나아가는 '동사형 명사'로 있다. 동사형 명사로서 '죽어감'은, 친위대의 권력이 수인의 신체에 행사되는 장소와 수인이 죽기 직전까지 고통을 감내해야 하는 시간을 표현한다. 친위대는 자신의 권력과 폭력을 지속적으로 행사하기 위해 당장 수인을 죽이지 않는다. 그들은 "우리를 피로에 의해, 다시 말해 시간을 통해 죽게 할 수 있다고 생각한다. 죽음은 시간 속에 있"음을 항상 자각하도록 만든다. 친위대는 '죽어감'을 비인칭의 신체에 각인시킨다.

신체의 감응에 대하여 레비는 "우리의 삶은 그와 같을 것이다. 매일, 정해진 리듬에 따라 아우스뤼켄Ausrücken, 나가다, 아인뤼켄Einrücken, 들어가다, 나갔다가 들어올 것이다. 일하고 자고 먹고, 아팠다가 낫거나 죽을 것"(『이것이 인간인가』, 46쪽)이라고 증언한다. 강제수용소의 일상적 폭력은 신체에 남긴 죽음의 리듬을 반복 생산하고 공포의 공동체共同體를 만든다. 강제수용소의 "공포는 어둠, 지표의 절대적 부재, 고독"을 수감자들의 신체에 각인시킨다. 더 나아가 수감자에게 가한 친위대의 고문은 도움을 기대하는 사회적 신뢰를 제거한다. 오스트리아 유대인으로서 벨기에 레지스탕스로 활동하다가 앙텔므와 레비처럼 강제수용소에 수감되었던 장 아메리Jean Améry(1912−1978)[12]는 자신이 겪은 고문을 기록한다.

> 고통은 고통이다. 그것을 넘어서는 어떤 것도 말할 수 없다. 감정의 질은 비교할 수도, 기술할 수도 없다. 그것은 언어를 통한 전달 능력의 한계를 나타낼 뿐이다. 자신의 신체적 고통을 전달하려 하는 사람은 그것을 가해보고, 스스로 고문 집행자가 되어보아야 할 것이다.(「고문」, 『죄와 속죄의 저편』, 79−80쪽)

• •

12. 본명은 한스 차임 마이어(Hans Chaim Mayer). 오스트리아 빈에서 출생하였으며 빈 대학에서 철학을 공부한 후 작가의 길로 들어섰다. 1938년 오스트리아가 제3제국에 합병되자 벨기에로 망명했다. 1940년 프랑스에서 '적성 외국인'으로 체포되어 남프랑스의 귀르 수용소에 수감되었으나, 1941년 도주에 성공했다. 1943년 다시 벨기에로 귀환하여 반나치 운동을 하다가 체포되어 브뤼셀 소재 게슈타포 본부가 관할하는 생질 수용소에 수감되었지만, 브렌동크 요새로 옮겨져 친위대에게 심한 고문을 당한다. 이후 아우슈비츠 강제수용소로, 그 다음에는 부헨발트와 베르겐벨젠으로 보내졌다. 1945년 연합군에 의해 수용소들이 해방되자 벨기에로 돌아와 브뤼셀에 살면서 스위스의 여러 독일어 신문에 기고하고 문화부 기자로 활동한다. 1955년부터 '장 아메리'라는 필명으로 활동하지만 1961년까지 아우슈비츠에 대하여 전혀 말하지 않는다. 1961년 「고문(Die Tortur)」을 발표하여 동시대인들에게 깊은 충격을 준다. 1966년 강제수용소 체험을 기록한 대표작 『죄와 속죄의 저편』을 출간하였다. 장 아메리, 안미현 옮김, 「연보」, 『죄와 속죄의 저편: 정복당한 사람의 속죄를 위한 시도』(1966), 길, 2012, 230쪽. 이하 인용은 쪽수만 밝히기로 한다.

장 아메리는 "등 뒤로 두 손을 묶은 수갑"을 찬 채 갈고리에 매달리는 고문을 당한다. 그는 "뒤에서부터 위로 찢겨진 채 머리 위에서 돌아가 버린 묶인 팔에 의지해서 허공에 매달"린다. 고문은 망각하고 있던 육체의 감각을 상기시키고 고통을 안겨주는 뼈와 살의 현존을 부정하도록 만든다. 친위대의 고문은 레지스탕스 명단을 확보하려는 목적의 합리성을 지닌다. 고문하는 자는 고문당하는 자의 육체 속으로 자신의 권력을 확장하고 고문당하는 자의 정신 소멸을 추구한다. 고문당하는 자가 절규할수록 고문하는 자는 권력의 자기실현과 쾌락을 향유한다. 고문당하는 자는 그 앞에서 저항할 수 없는 육체의 무력감과 그 누구에게도 도움을 청할 수 없는 신뢰의 완벽한 부재를 경험한다. 죽음에 직면한 살덩어리일 뿐이라는 감각과 세계로부터 완전한 고립감이 신체에 새겨진다. "고문당한 사람은 고문당한 상태"(『죄와 속죄의 저편』, 81쪽)로 머문다. 신체의 고통을 적확하게 재현할 수 있는 완벽한 언어는 부재하다.

2차 세계대전이 끝나고 장 아메리는 「고문」을 발표할 때까지 자신이 당한 고문에 대하여 16년여 동안이나 침묵한다. 그는 고통의 재현 불가능성을 말한다. 그 침묵과 재현 불가능한 언어는 강제수용소의 노역과 굶주림, 일상적 폭력과 고문이 수인들의 신체에 일으킨 감응이다. 수인들이 "상상 불가능한" 것을 직접 체험하고 경악과 공포의 기억 속에서 말할 수 없는 공백의 언어이다. 앙텔므와 레비와 아메리가 공통적으로 말하고 싶어 하지만 완벽한 증언의 불가능성으로서 말해야 할 것의 '비어 있음'이다. 그러나 말해야 할 것의 '비어 있음'으로서 공백 'Blank'는, 그저 비어 있는 투명한 흰빛의 무無가 아니다. 영어 'Blank'는, '어둡고 캄캄한 검은' 의미를 지닌 영어 'Black'과 빛깔 없이 '창백한pale', '백색white'의 의미를 지닌 영어 'blanc', '아무것도 쓰이지 않은', '흰'과 '빛나다', '불타다' 의미를 지닌 프랑스어 'Blanc'과 함께 영어의 어원 'blak'과 'blāc'을 모두 공유한다. 더 나아가 영어 어원 'blak'을 공유하는 독일어 'Blank'는 '반짝이는'과 '빛나는' 뿐만 아니라 '벌거벗은' 의미까지 지닌다. 그런 점에서 공백의 언어, 'Blank'는 순백의 순수한 침묵의 비어 있는 언어가 아니라 재의 언어이다. 빛이 어둠에서 나오듯 '흰'은 검정에서 나온다. 타오르는 불길에 타들어가서 몸체의 대부분이 연기로 사라져버리고 검게 그을린 붉은 숯이 되었다가 잿불만 남은 숯등걸. 그 숯등걸의 흰빛으로 남은 재의 언어이다. 공백의 언어로서 재의 언어는 투명하게 비어 있는 백색이 아니라 친위대의 고문과 폭력의 불길에 한없이 타오른 붉은 화상과 검은 그을림을 신체에 드리우고 있는 흰빛의 언어이다. 강제수용소에서 '벌거벗은' 신체들이

타고 남은 잿빛의 언어이다. 육체와 정신, 이름과 얼굴까지
타오르고 검게 그을린 흰빛의 흔적 언어이다. 수많은 사람들이
검붉은 연기로 사라진 것을 기억하는 살아남은 자의 부끄러운
언어이다. 그리하여 공백의 언어에는 흰빛 아래 검정뿐만 아니
라 죽은 자의 붉음과 살아남은 자의 분홍색도 서려 있다.

　　우리는 그 이탈리아인에게서 죽음을 보았다. 친위대가 그
에게 너 이리 왜! 라고 말한 후 그는 분홍색이 되었다. 분홍색으
로 변하기 전에 그는 주위를 돌아보았을 것이 틀림없다. 그러
나 지명된 것은 바로 그였다. 더 이상 의심의 여지가 없을
때 그는 분홍색이 되었다. (…) 우리는 말을 하지 않는다.
각자 준비되어 있으려고 노력한다. 각자 자신을 위해 두려움을
느끼지만, 아마 서로 이토록 연대감을 느낀 적은 결코 없었을
것이며, 자신이 그 어느 누구에 의해서나 이토록 대체 가능하
다고 느낀 적은 결코 없었을 것이다. 우리는 준비한다. 준비란
이렇게 되는 것이다. "우리는 작은 그룹별로 죽게 될 것이다",
그리고 기관총 앞에 선 자신을 떠올려 보는 것이다. 죽을
준비를 하기. 우리는 그럴 준비가 되어 있다고 생각한다. 무작
위로 죽도록 지명당할 준비가 되어 있다고 느낀다. 그러나
아니다. 만일 그것이 나에게 닥친다면 나는 놀랄 것이고, 내
얼굴은 그 이탈리아인의 얼굴처럼 분홍색이 될 것이다.(『인

류』, 358–359쪽, 강조는 원문)

친위대는 퇴각길에서 아무런 설명도 없이 이탈리아인을 호명한다. 이탈리아인은 자신이 선택되는 이유도 죽음의 이유도 의미도 모른 채 죽는다. 그것이 수용소에서의 삶과 죽음의 방식이다. 아감벤은 이탈리아인이 "죽어야만 한다는 데 대해, (다른 사람도 아닌 바로 자신이) 죽임을 당하도록 아무렇게나 선택되었다는 데 대해 부끄러움을 느꼈"(『아우슈비츠의 남은 자들』, 156쪽)을 것이라고 추정한다. 블랑쇼는 "죽음의 수용소의 공포, 갑자기, 그리고 끝없이 죽을 자로 선언되고 열거되고 확인되는 무수하게 죽어가는 사람들의 공포는 각각의 죽어가는 자를 그 이상으로 결백할 수 없었던 자신의 죽음에 대해 죄가 있는 자로서 만들고, 경솔함에 의해 보일 수 없는 것을 보이게 하면서, 죽음의 비천함 그 자체 때문에 그에게 죽어감을 선고"(『저 너머로의 발걸음』, 144쪽)한다고 명기한다. 그것은 살아남은 앙텔므의 죄의식과 분홍색을 이해할 수 있는 근거를 제공한다. 그러나 호명당한 즉시 총살당한 이탈리아인이 말하지 못한 분홍색의 의미를 직접 목격한 앙텔므조차 정확히 말할 수는 없다. 죽음의 선고와 다름없는 친위대의 호명이 신체에 일으킨 '분홍빛' 감응을 완벽하게 재현할 수 있는 인간의 언어는 없다. 다만, 이탈리아인의 홍조는 '왜 내가 죽어야 하는가'라는 물음조차 제기할 수 없는 당혹과 놀람, 어떤 저항의 말도 도움의 말도 건넬 수 없는 난감함과 공포가 서린 죽기 직전의 공백의 언어이다. 앙텔므의 홍조는 지목당한 이탈리아인보다 더 오래 살아남았다는 부끄러움, 그것으로만 해석되기 어려운 어떤 죄의식과 이탈리아인의 죽음을 명백한 언어로 증언할 수 없다는 무력감에서 발생한 공백의 언어이다. 공백의 언어는 마침내 자신의 죽음을 직접 증언할 수 없는 비인간의 증언이다.

3. 시인의 언어와 증인의 언어

로트레아몽의 『말도로르의 노래』(1869)에서 시적 주체 '나'는 조물주에 끝없이 반항하는 존재로서 조물주만큼이나 변신에 능하고 나약한 '인간이라는 종'을 조롱하고 혐오한다. 말도로르, 조물주의 전능한 힘을 소유한 그는 세계의 모든 사물로 변신할 수 있는 까닭에 세계의 모든 사물은 그와 다르지 않다. "내가 존재한다면, 나는 타자가 아니다Si j'existe, je ne suis pas un autre"13라고 선언하는 말도로르는, 일자一者로서 세계의 모든

• •

13. Lautréamont, *Les Chants de Maldoror et autres textes*, Le Livre de

타자를 '나'로 귀속시키고 동일성의 원리를 작동시키는 1인칭 시적 주체이다. 반면에 「폴 드므니Paul Demeny에게 보낸 편지」(1871. 5. 15.)에서 "나는 타자다Je est un autre"라고 선언하는 랭보의 '나'는, 신체의 모든 감각이 일으킨 감응의 극단에서 죽음을 맞이하고 세계의 모든 사물이 되는 타자성을 실현한다. 랭보의 '나'는 1인칭 시적 주체의 죽음을 기꺼이 수용하고 생명 없는 사물까지 신체적으로 감응하는 타자로서 비인칭적 존재이다. 1인칭 시적 주체의 신체 감각과 언어를 「취한 배Le Bateau ivre」(1871)에서처럼 놓아버린다. 랭보의 '나'는 "바다"의 신체와 "이국" 자연의 언어, 즉 타자의 신체와 언어를 받아들이고 합일하는 타자화된 주체이다. 타자화된 주체로서 '나'의 신체는 새로운 "나의 사유의 탄생에 참여해서, 그것을 목격하고 그것을 듣는" 시인이 된다. 시인은 "착란délires"이라고 불러야 할 '타자가 되는 경험'을 통해 1인칭 시적 주체로서 바라보던 세계에 대한 이해를 상실한다. 시인은 타자로서 미지의 세계에 도달하고 다른 존재에 대한 새로운 이해를 얻고 경험한다. 타자가 된 경험은 시인의 신체에 새겨진다. '미지–거기'에서 '지금–여기'로 생환한 시인의 신체에는 타자의 목소리와 다른 감각의 언어가 새겨져 있다. 이제 시인은 1인칭 시적 주체로

• •

    Poche, 2001, pp. 278–279. 번역은 필자.

되돌아갈 수 없다. "오늘 나는 아름다움에게 인사를 할 줄 알"(「착란 Ⅱ」)[14]기 때문이다. 이제 시인은 1인칭 시적 주체의 언어로 시를 쓰는 것이 아니라 타자가 된 경험 속에서 '주체화된 타자'의 언어를 받아쓴다. "나는 타자"로서 타자의 언어를 '지금-여기'의 "이치에 맞"게 받아쓴다. 그것은 타자의 언어와 '지금-여기' 사이에 간극과 공백이 있음을 드러낸다. '지금-여기'의 언어로는 미지의 세계와 타자의 언어를 온전히 재현할 수 없고 말할 수 없다는 불가능성을 노출한다. "나는 침묵을, 밤을 썼고, 표현할 수 없는 것을 적어 두었다. 나는 현기증을 정착"(「착란 Ⅱ」)[15]시킨다. 착란과 현기증을 일으키면서 나는 타자가 되고 타자의 목소리는 '지금-여기'로 생환한 '나'의 신체를 통해 발현된다. 이전과 '다른 나'는 타자의 목소리를 받아쓴다. 그것은 1인칭 시적 주체의 시 쓰기가 아니라 1인칭 시적 주체의 죽음을 통해 도달한 비인칭의 시 쓰기이다. 주체의 비어 있는 신체를 사로잡은 타자의 목소리가 흘러나오는 비인칭의 시 쓰기이다. 검정과 분홍빛의 흔적이 묻어나오는 공백의 흰 언어이다. 그것은 아감벤이 랭보의 '타자화된 주체'를 "탈주체화"[16]로 설명하면서 존 키츠John Keats와 페루난두 페소아

. .

14. Arthur Rimbaud, *Poésies. Une saison en enfer. Illuminations*, Gallimard, 1999, p. 198. 번역은 필자. 이하 쪽수만 밝히기로 한다.

15. Arthur Rimbaud, 같은 책, p. 192.

Fernando Pessoa와 함께 분석한 시인의 "탈주체화" 경험의 시 쓰기와 다르지 않다. 그런 점에서 랭보의 시는 '타자가 된 경험'에 대한 후일담이며 "상상 불가능한" 세계에 대한 증언이다. 랭보의 시에서 시인은 "상상 불가능한" "지옥에서 보낸 한철"과 '지금—여기' 사이에 자리 잡은 저 공백에 "표현할 수 없는 것"을 받아쓴 증인이다. 시는 상상 불가능하고 "표현할 수 없는 것"을 기억하는 증인의 증언이다. 그러므로 "상상 불가능한" 강제수용소를 기억하는 앙텔므와 레비와 아메리의 증언은 말도로르의 언어가 아니라 랭보의 언어이다.

이제 K라는 이름은 남았다. 그 이름은 내가 공장에서 만났던 사람 위에 펄럭거린다. 그러나 그를 의무실에서 보면서 나는 "이 사람이 K다"라고 말할 수 없었다. 죽음은 그다지 많은 신비를 감추고 있지 않다.

K는 오늘 밤 죽을 것이다. 그것은 그가 아직은 죽지 않았다는 것을 뜻한다. 내가 알았던 사람, 내가 아직도 머릿속에 그 이미지를 가지고 있는 사람, 그의 친구는 더 해묵은 또 다른 이미지를 가지고 있는 사람의 사망을 선고하기 위해서는

. .

16. 조르조 아감벤, 「부끄러움, 혹은 주체에 관하여」, 앞의 책, 168–180쪽 참고.

기다려야 했다. 여기에 있는 사람, 우리 둘 그 누구도 알지 못하는 사람이 죽기 위해서는 기다려야 했다.

그것이 K의 생전에 일어났던 것이다. 살아 있는 K를 눈앞에 두고도 나는 아무도 알아볼 수 없었던 것이다. 내가 알던 사람은 다시 찾지 못했기 때문에, 그가 나를 알아보지 못했기 때문에, 나는 한순간 나를 의심했었다. 내가 다른 사람들을 쳐다본 것은 마치 호흡을 되찾기 위해서인 것처럼, 내가 분명 아직 나라는 것을 확인하기 위해서였다.

변하지 않는 다른 사람들의 얼굴이 나를 안심시킨 것처럼, 죽음, 죽음은 K를 안심시키고, K라는 사람의 통일성을 재형성할 것이다. 그래도 내가 알았던 사람과 우리 모두가 알게 될 죽은 K 사이에 이렇게 허무가 자리했었다는 사실, 이 사실은 남을 것이다.(『인류』, 265쪽, 강조는 필자)

이제 앙텔므는 초등학교 선생님이었던 K의 죽음을 증언한다. K는 노역과 굶주림과 추위에 시달리고 마땅한 약도 처방받지 못한 채 병을 앓아가며 죽어가고 있다. 앙텔므는 죽어가는 K를 보러 의무실에 간다. 그는 의무실에서 K를 찾는다. 그러나 그는 K를 찾지 못한다. 그는 K의 얼굴을 기억하고 그 얼굴과 일치하는 K를 찾으려고 하지만 그가 알아왔던 K의 얼굴은 부재하다. K의 침대 옆 사람이 가리켜서야 겨우 K였던 사람의 얼굴을 들여다볼 수 있을 뿐이다. K는 움직이지 않는다. 앙텔므는 K의 얼굴에서 아무것도 찾을 수 없다. 그는 K의 "코마저도 알아보지 못하고 여전히 그 누구의 것도 아닌 축 늘어진 머리에 벌어진 입"밖에 알아보지 못한다. K는 분명 살아 있었지만 앙텔므가 기억하고 있던 K는 죽어 있었다. 완전한 죽음의 선고가 내려질 때까지 K는 비인간으로 살아 있다가 죽는다. 앙텔므는 그가 알고 있던 K의 얼굴과 아무것도 아닌 비인간의 얼굴 사이의 공백을 체감한다. 앙텔므는 그 공백에서 죽어가는 K가 다름 아닌 자신의 얼굴과 다르지 않을 것이어서 두려움을 느낀다. K가 아닌 다른 사람의 얼굴을 바라봄으로써 아직은 자신이 살아 있다는 안도감을 느낀다. 그 공백에 "내가 알았던 사람과 우리 모두가 알게 될 죽은 K 사이에 이렇게 허무가 자리했었다는 사실, 이 사실은 남을 것"임을 기록한다. 그는 무無의 공포와 함께 "모두에게 정말 아무도 아닌 사람이 될 가능성은 없"다고 증언한다. 몇몇은 K를 알아보았고 앙텔므는 K를 기억한다. 앙텔므는 K가 남긴 이름을 기억함으로써 "K라는 사람의 통일성"을 재형성할 것임을 밝힌다. K는 K의 이름과 함께 앙텔므의 기억과 증언을 통해 인류의 역사에서 공동체의 일원으로 남는다.

   그가 수용소 보건병동으로 보러 갔던 동료(K), 여전히 살아

있었지만 알아볼 수 없었던 그 동료의 모습을 본 후, 그는
삶 안에도 무無가 있다는 것, 그 접근을 인정해야 하지만 동시에
경계해야 할 깊고도 깊은 공허가 있다는 것을 이해했습니다.
우리는 이 공허와 더불어 사는 법을 배워야 합니다. 우리는
공허함 속에서도 충만함을 지켜갈 것입니다.[17]

앙텔므는 얼굴을 잃고 비인간으로 죽어간 K와 분홍빛 얼굴
로 죽은 이탈리아인에 대한 신체의 감응을 통해 그들의 현존과
죽음을 증언하는 증인이다. 앙텔므가 증언할 수 있는 것은
그들의 죽음에 직접 다다른 것과 다르지 않은 그의 임사 체험을
통해 그들의 얼굴을 기억하고 그들의 얼굴을 받아 적어두었기
때문이다. 앙텔므의 증언을 통해 우리는 우리의 삶 내부에
"무無가 있다는 것"을 자각하고 동시에 블랑쇼의 명시처럼
"이 공허와 함께 더불어 사는 법을 배워야" 한다. 그것은 인류라
는 공동체의 "공허함 속에서도 충만함을 지켜"가는 방법이다.
　앙텔므의 증언은 앙텔므와 레비와 아메리가 강제수용소
이전의 주체로 되돌아갈 수 없음을 드러낸다. 그들은 강제수용
소의 희귀한 생존자로서 "고문당한 사람은 고문당한 상태"로

- -
17. 모리스 블랑쇼, 고재정 옮김, 「지켜보는 밤」, 『정치 평론(*Écrits politiques*)
　　1953–1993』(2008), 그린비, 2009, 220쪽. 이하 쪽수만 밝히기로 한다.

머물러 있는 증인이다. 아메리가 받은 고문의 고통은 고통으로 남고 앙텔므와 레비의 강제수용소 경험은 지속된다. 고통의 지속은 결과적으로 레비와 아메리의 자살로 이어진다. 그들은 강제수용소 이전의 주체와 다른 타자이다. 말도로르의 1인칭 시적 주체처럼 K의 죽음과 분홍빛 얼굴로 죽은 이탈리아인의 죽음을 모두 전유하여 말할 수 없다. 그들은 죽음의 현장에서 그 사태를 목격한 증인으로서 1인칭 시적 주체의 입장이 아니라 비인칭적 존재의 입장에서 죽은 자들의 얼굴을 온전히 말하고자 한다.

우리는 말하기를 원했고, 마침내 누군가 들어주기를 원했다. 우리의 몰골 자체가 어떤 웅변보다 더욱 웅변적이라고 사람들은 말했다. 그러나 우리는 사선을 넘어 간신히 돌아왔으며, 우리와 함께 우리의 기억, 아주 생생한 우리의 체험을 가지고 돌아왔고, 우리는 그것을 있는 그대로 말하고 싶은 격렬한 열망으로 가득했다.(『인류』, 6쪽)

이 책은 이미 수용소 시절부터 구상되고 계획되었다. 우리 이야기를 '다른 사람들'에게 들려주고 '다른' 사람들을 거기에 참여시키고자 하는 욕구가 우리를 사로잡았다. 그것은 우리가 자유의 몸이 되기 전부터, 그리고 그 후까지도 우리들 사이에서 다른 기본적인 욕구들과 경합을 벌일 정도로 즉각적이고 강렬한 충동의 성격을 지니게 되었다. 이 책은 이러한 욕구를 충족시키기 위해 씌어졌다. 그러니까 무엇보다 먼저 내적 해방을 위해서 씌어진 것이다.(『이것이 인간인가』, 7쪽)

나는 20년간 줄곧 잃어버릴 수 없는 시간을 찾고 있었지만, 그것에 대해 말하는 것이 어려웠을 뿐이었다. 그러나 아우슈비츠에 관한 에세이를 쓰면서 풀기 힘든 마법이 풀린 것처럼 보였고, 갑자기 모든 것이 말해지기를 원했다. 그렇게 해서 이 책이 태어났다.(『죄와 속죄의 저편』, 14쪽)

앙텔므와 레비는 극소수의 살아남은 증인으로서 공교롭게도 1947년에 『인류』와 『이것이 인간인가』를 동시에 출간하여 강제수용소 체험과 죽은 자들에 대하여 증언한다. 그들은 생환한 증인으로서 "잃어버릴 수 없는 시간"에 대하여 "있는 그대로 말하고 싶은 격렬한 욕망"과 "내적 해방"을 위한 글쓰기를 실천한다. 그런데 그 증인들의 언어는 1인칭 시적 주체의 동일성과 능동성에 근거한 글쓰기가 아니다. 그것은 "말하고 싶은 격렬한 욕망"과 "즉각적이고 강렬한 충동"과 "갑자기 모든 것이 말해지기를 원"하는 욕구에 이끌린 신체의 비인칭적 글쓰기이다. 그들은 생환하지 못하고 죽은 자들이 직접 말하지

못한 공백의 언어에 감응한 신체이자 증인으로서 시인의 언어
를 발화한 것이다.

4. 증인의 글쓰기와 조각의 문학

공백의 언어에는 단지 비어 있는 침묵이 아니라 "침묵하는
동안에 내가 독일의 운명이자 나 자신의 운명인 그 12년간의
시간을 잊었다거나 떨쳐버렸다고 말할 수 없는'(『죄와 속죄의
저편』, 14쪽) 언어가 새겨져 있다. 더 나아가 공백의 언어에는
얼굴 없는 K와 분홍빛 얼굴의 이탈리아인뿐만 아니라 "후르비
네크Hurbinek"의 언어가 있다. 레비는 독일군의 퇴각과 강제수
용소의 해방 속에서 생존자들과 함께 아우슈비츠 '대수용소'
의 병실로 이동한다. 레비는 그곳에서 "후르비네크"라는 아이
를 만난다. 후르비네크는 세 살가량 되어 보이는 아우슈비츠의
자식이다. 아우슈비츠에서 태어난 아이의 신원에 대해 아는
사람은 아무도 없다. "후르비네크"라는 이름의 기원조차 분명
하지 않다. 아이가 "가끔씩 내뱉는 분명치 않은 소리들 가운데
하나를 후르비네크로 해석하여 그에게 붙여준 것"[18]이다. 후르

• •
18. 프리모 레비, 이소영 옮김, 『휴전(La tregua)』(1963), 돌베개, 2010,

비네크는 말할 줄 모르고 이름도 없다. 그러나 "삼각형의 얼굴 속에 푹 꺼진 아이의 두 눈은 끔찍하리만치 생생하게 빛을 발하고 있었고, 요구와 주장들로, 침묵의 무덤을 깨부수고 나오려는 의지로 가득"(34쪽)하다. "아이에게는 결여된, 아무도 그에게 가르쳐주려 한 적 없는 말을, 그 말의 필요성이 아이의 시선 속에서 터질 듯한 절박함으로 압박"(34쪽)한다. 아이의 눈빛이 절박한 빛으로 발하는 말. 아이에게 결핍된 말. 누구로부터 배운 적 없고 누구도 가르쳐주지 않은 말. 말할 수 없는 자의 살아 있음을 스스로 증언하고 생존하려는 후르비네크의 말.

후르비네크가 '말을 했다'고 발표했다. 무슨 말이었는데? 그는 알지 못했다. 헝가리어는 아니고, 어려운 낱말이었어. '마스−클로mass−klo', '마티스클로matisklo' 같은 무슨 말인데, 밤에 우리는 귀를 기울였다. 정말이었다. 후르비네크가 있는 구석 쪽에서 이따금 어떤 소리가, 어떤 말이 들려왔다. 사실, 매번 정확히 같은 말은 아니지만 그래도 확실히 분절적인 단어였다. 좀 더 정확히 말하자면 아주 조금씩 다르게 발음되

· ·

34쪽. 이하 쪽수만 밝히기로 한다. '후르비네크(Hurbinek)'라는 이름은 조르조 아감벤, 앞의 책, 56쪽. 참고하여 이하 번역도 수정하였다.

는 단어들이었고, 하나의 어간 혹은 어근을 두고, 아니 어쩌면 어떤 명사를 두고 여러 가지 변화를 시도한 것들이었다.(『휴전』, 35쪽, 강조는 필자)

병실에서 후르비네크는 유일하게 열다섯 살 헝가리 소년 헤넥으로부터 보살핌을 받는다. 일주일이 지난 뒤 헤넥은 "후르비네크가 '말을 했다'고 발표"한다. "'마스―클로mass-klo', '마티스클로matisklo' 같은 무슨 말"이다. "아주 조금씩 다르게 발음되는 단어들". 그 말은 유럽의 모든 언어를 구사하는 수인에게도 해석되지 않고 어떤 의미로도 환원되지 않는다. 'mass-klo', 'matisklo', 'ma-ss-kl-o', 'ma-ti-s-kl-o'. 문자로 쓰여진 적 없는 말. 후르비네크의 말. 후르비네크의 '여기―있음'을 증언하는 비언어. 아무도 아닌 자의 말이다. 아무것도 아닌 말이다. 공기를 가르고 사라지는 비언어의 언어이다. "공백으로부터 생겨나는 소리, 고독한 이가 말하는 비언어, 언어가 그것에 응답하고 언어가 그 속에서 태어나는 비언어."[19] 아무도 아닌 자가 말하고 공백으로 사라진 말이다. 후르비네크는 그 공백의 의미를 알고 있는 유일한 증인이다. 비언어의 언어로 스스로를 증언하는 증인. '지금―여기' 부재하는 증인. 'Hurbinek'.

• •
19. 조르조 아감벤, 앞의 책, 58쪽.

그러나 후르비네크의 말만큼은 미스터리로 남았다. 물론, 그것이 어떤 메시지나 계시는 아니었다. 어쩌면 자신의 본명이 었을지도 모른다. 혹시라도 누군가 그에게 이름을 지어주었다면 말이다. 어쩌면 (우리가 세운 가정들 중 하나인데) '먹다' 또는 '빵'을 뜻한 것인지도 모른다. 또 어쩌면, 우리 중 보헤미아어를 아는 사람이 제법 설득력 있게 주장한 것처럼, 보헤미아어로 '고기'를 뜻한 것인지도 모른다. 아우슈비츠에서 태어나, 한 번도 나무를 본 적이 없었을 세 살배기 아이 후르비네크, 야수 같은 가공할 권력으로부터 추방당한 인간 세계로 들어오기 위해 마지막 숨을 거둘 때까지 한 인간으로서 투쟁했던 후르비네크, 그 조그만 팔에도 아우슈비츠의 문신이 새겨져 있던, 이름 없는 후르비네크. 1943년 3월 초, 후르비네크는 자유롭지만 진정 구원받지는 못한 채 죽었다. 그에 대한 건 아무것도 남아 있지 않다. **그는 이렇게 나의 말을 통해 증언한다.** (『휴전』, 35–36쪽, 강조는 필자)

후르비네크는 죽음으로써 아무것도 남지 않은 아무도 아닌 자가 되었다. 그러나 후르비네크의 말은 레비의 증언을 통해 해석되지 않은 의미의 공백으로 남았다. "그는 이렇게 나의 말을 통해 증언"한다고 레비는 증언한다. 레비의 증언은 증언하는 주체의 불완전성과 증언의 불가능성을 제기한다. 후르비네크의 '거기—있었음'과 말은 후르비네크가 증언할 수 없다. 그는 아무도 아닌 자로서 공백의 언어만을 갖고 있기 때문이다. 이것은 아무도 아닌 자의 증언 불가능성이다. 후르비네크의 말은 레비의 "말을 통해 증언"된다. 그것은 증언할 수 없는 존재의 비언어에 감응한 레비의 말로 발화된다. 레비가 비언어를 언어로 옮겨서 증언한 것이다. 의미의 공백에 의미의 언어를 쓴 것이다. 증인의 글쓰기는 공백 위에 글을 쓰고 의미의 공백을 의미화한다. 그럼에도 불구하고 공백에는 언어의 의미로 환원되지 않은 후르비네크의 말과 흔적이 남아 있다. 레비도 온전히 증언하는 주체가 아닌 것이다. 온전한 증언은 레비가 언어를 비언어로 말할 때 가능하다. 레비의 언어가 'mass—klo', 'mati—sklo', 'ma—ss—kl—o', 'ma—ti—s—kl—o' 같은 비언어가 될 때 증언은 온전히 가능하다. 일종의 비인칭의 글쓰기를 실천할 때 증언은 가능하다. 온전한 증언은 비언어의 공백, 무의미의 언어가 되는 지점에서 가능하다는 역설이 발생한다.

레비는 비언어로 말할 수 없다. 후르비네크의 비언어와 레비의 언어 사이에는 여전히 의미의 공백과 재현의 불가능성이 현존한다. 이것이 레비의 증언 불가능성이다. "증언을 하기 위해서는 언어가 비언어가 되어야 하며, 언어는 비언어가 됨으로써 증언함의 불가능성을 보여준다는 것을 의미"[20]한다. 증언하는 주체의 불완전성[21]과 증언의 불가능성이다. 그런 점에서 증인의 글쓰기는 단편적이며 파편적이다. '지금–여기'에서 불완전한 증언 '문학'이며 도래할 미래의 순간에도 여전히 완전한 파악이 불가능한 조각의 문학이다. 그러나 모든 것의 불가능성에도 불구하고 쓰고 말하기를 반복하고 멈추지 말아야 할 조각의 문학이다.

조각이라는 의도적 선택은 회의에 빠진 후퇴도, 완전한 파악(가능할 수도 있을)에 대한 맥없는 포기도 아니다. 그것은 인내하는–성급한, 이동하는–고정된 추구 방식이며, 동시에 의미와 의미 전체는 우리들과 우리의 글 안에 즉각적으로 존재하는 것이 아니라, 여전히 도래해야 할 미래의 것이라는 사실에 대한 긍정이다. 그것은 또한 우리가 의미를 캐물을 때, 우리는 그 의미를 생성으로서 그리고 질문의 미래로서만

• •

20. 조르조 아감벤, 앞의 책, 58쪽.

21. 생존자들, 즉 "'구조된 자들'은 최고의 사람들, 선한 운명을 타고난 사람들, 메시지의 전달자들이 아니었다. 내가 본 것, 내가 겪은 것은 그와는 정반대"였음을 증언하는 프리모 레비, 이소영 옮김, 「수치」, 『가라앉은 자와 구조된 자』(1986), 돌베개, 2014, 97쪽 참고; 강제수용소 지식인들, "정신적인 사람들은 최초의 저항이 해체되어 버리면 모든 지식과 분석력을 가지고도 비정신적인 사람보다 훨씬 서툴게 파괴자에게 저항"했다고 증언하는 장 아메리, 「정신의 경계에서」, 앞의 책, 39쪽 참고.

포착한다는 사실을 긍정하는 것이다.

마지막으로 그것은 반복해야 함을 의미한다. 모든 조각의 말, 모든 파편적 성찰은 반복과 무한한 다양성을 요구한다. (…) 그러나 우리는 말 혹은 글쓰기를 통하여 '세계'를 파악하기 위해서는 간접적인 것이야말로 곧바르고 가장 빠른 길이 아닌가를 자문해 보아야만 한다.[22]

반복하지만 진짜 증인들은 우리 생존자가 아니다. 이것은 불편한 개념인데, 다른 사람들의 회고록을 읽고 여러 해가 지난 뒤 내 글들을 다시 읽으면서 차츰차츰 인식하게 된 것이다. 우리 생존자들은 근소함을 넘어서 이례적인 소수이고, 권력 남용이나 수완이나 행운 덕분에 바닥을 치지 않은 사람들이다. 바닥을 친 사람들, 고르곤(메두사로 대표되는 그리스 신화의 세 자매 중 하나)을 본 사람들은 증언하러 돌아오지 못했고, 아니면 벙어리로 돌아왔다. 그러나 그들이 바로 "무슬림들", 가라앉은 자들, 완전한 증인들이고, 자신들의 증언이 일반적인 의미를 지녔을 사람들이다. 그들이 원칙이고 우리는 예외이다.[23]

· ·
22. 모리스 블랑쇼, 고재정 옮김, 「베를린」, 『정치 평론(Écrits politiques) 1953–1993』(2008), 그린비, 2009, 101쪽, 104쪽.
23. 프리모 레비, 위의 책, 98–99쪽.

그렇다면 증언은 어떻게 가능한가. 앙텔므와 레비와 아메리. 이 증인들의 글쓰기는 어떻게 실현되었는가. "우리가 사용할 수 있는 언어와 우리의 체험, 그 대부분이 아직도 우리의 온몸을 짓누르고 있던 체험 사이의 간극을 메우는 것은 불가능"(『인류』, 6쪽)해 보인다는 앙텔므. "조심스럽게 거리를 두고자 하며, 철저히 객관적으로 독자들에게 나아가려고 했던 것은 한마디로 불가능하다"(『죄와 속죄의 저편』, 15쪽)고 고백하는 아메리. 그러나 그들은 그 모든 것을 무릅쓰고 '증인됨'의 자리로 나아가서 증인의 글쓰기를 실천한다. "일어났던 것은 일어난 것이다. 그러나 일어났던 것을 단순히 받아들일 수는 없다. 나는 저항"하고 "아우슈비츠, 내가 어떻게 그것에 이르렀는지, 그 전에 무슨 일이 일어났으며, 그 후에는 무슨 일이 뒤따랐는지, 내가 오늘 어떻게 여기 서 있는지를 밝혀"(「1977 년판 서문」, 『죄와 속죄의 저편』, 13–14쪽)내고자 아메리는 쓴다. "이 책은 새로운 죄목을 찾아내려는 것이 아니다. 오히려 인간 정신의 몇몇 측면에 대한 조용한 연구에 자료를 제공"(『이 것이 인간인가』, 6쪽)하기 위해 레비는 쓴다. "우리들의 목표는 가장 겸허한 것이 되었다. 그것은 오직 살아남는 것"(『인류』, 8쪽)이었음을 증언하기 위해 앙텔므는 쓴다. 그것은 증언하는 주체의 불완전성, 증언의 불가능성, 그 모든 것을 무릅쓰면서

"상상 불가능한" 것과 '공백의 언어'에 대한 '증인됨'을 반복하고 실천하는 증인의 글쓰기, 조각의 문학이다.

> 스스로 포기하고 동료들에게 포기당한 수감자를 칭하는 수용소 용어인 이른바 '무슬림Muselmann'은 선과 악, 고상한 것과 비천한 것, 정신적인 것과 비정신적인 것이 마주할 수 있는 의식의 공간을 더 이상 갖지 못했다. 그는 아직까지 움직이는 시체였고, 마지막으로 꿈틀거리는 물리적 기능의 다발이었다.(「정신의 경계에서」, 『죄와 속죄의 저편』, 34쪽)

> 그들의 삶은 짧지만 그들의 번호는 영원하다. 그들이 바로 '무젤매너Muselmänner, 무슬림', 익사자, 수용소의 척추이다. 그들은 끊임없이 교체되면서도 늘 똑같은, 침묵 속에 행진하고 힘들게 노동하는 익명의 군중·비인간들이다. 신성한 불꽃은 이미 그들의 내부에서 꺼져버렸고 안이 텅 비어서 진실로 고통스러워할 수도 없다. 그들을 살아 있다고 부르기가 망설여진다. 죽음을 이해하기에는 너무 지쳐 있기 때문에 두려워하지 않는 그들 앞에서, 그들의 죽음을 죽음이라고 부르기조차 망설여진다.(『이것이 인간인가』, 126–127쪽)

증인의 글쓰기는 글쓰기의 주체로서 앙텔므와 레비와 아메리만을 상정하는 것은 아니다. 그들은 얼굴조차 알아볼 수 없는 상태로 죽은 K, 분홍빛 얼굴로 죽은 이탈리아인, 이름도 없고 말도 배우지 못한 채 죽은 후르비네크뿐만 아니라 살아 있는 시체로서 기능하면서 이름도 얼굴도 없이 노동하는 익명의 비인간으로 살다가 천천히 '죽어감'으로 이행한 '무젤만 Muselmann'[24]의 공백까지 증언하는 증인이다.

> 아무것도 아니
> 었다 우리는, 우리는 아무것도 아니, 아무것도
> 아닌 것으로 남아, 활짝 피어:
> 아무것도 아닌,
> 아무도 아닌 자의 장미.[25]

> 그토록 내가 그대를 꿈꾸었기에
> 그토록 걷고 그토록 말하고
> 그토록 그대의 그림자를 사랑했기에
> 나에게는 더 이상 그대의 어느 것도 남아 있지 않다.

• •

24. 이 글에서 인용된 책의 번역자에 따라 다르게 번역된 '무젤만', '무젤매너', '무슬림'이라는 용어를 '무젤만(Muselmann)'으로 통일한다.

25. 파울 첼란, 제여매 옮김, 「찬미가」, 『아무도 아닌 자의 장미(Die Niemandsrose)』(1963), 시와현실, 2010, 25쪽. 번역은 수정.

이제 내가 할 수 있는 일이란 그림자들 중의 그림자가
되는 것

그림자보다 백배 더 어두운 그림자가 되어

빛 가득한 그대의 삶 속으로

오고 또 오고 할 그런 그림자가 되는 일일 뿐.[26]

가혹한 밤들 우리는 꿈꾸었다

치열하고 격렬한 꿈들

온몸과 온 마음으로 꿈꾸었다

돌아가기를, 먹기를, 이야기하기를.

짧고 낮게

새벽의 기상 소리 울릴 때까지

'브스타바치wstawać'[27]

그러면 가슴속 심장이 산산이 부서졌다.

- -

26. 로베르 데스노스(Robert Desnos, 1900. 7. 4–1945. 6. 8). 「무제」 부분.
프랑스 초현실주의 시인. 1944년 2월 22일 게슈타포에 의해 체포.
아우슈비츠를 거쳐 체코슬로바키아 테레지엔슈타트 수용소에 수감되
어 티푸스로 사망. 로베르 데스노스의 유일한 유품인 안경과 함께
수인복 주머니에서 발견된 구겨진 종이 위에 쓴 최후의 시. 이건수,
「로베르 데스노스, 초현실주의 총아」, 『외국문학』 44호, 열음사, 1995.
8., 97–98쪽 재인용.
27. 폴란드어로 '기상'이라는 뜻.

이제 집을 되찾았고

우리 배는 부르고

이야기도 끝마쳤다.

때가 되었다. 조만간 다시 듣게 될 것이다

이국의 기상 소리

'브스타바치wstawać'

1946년 1월 11일(프리모 레비, 『휴전』, 15쪽)[28]

첼란과 데스노스와 레비. 그들은 구조되지 못하고 가라앉은 자, 생환되지 못한 비인간의 비언어, 모든 타자들의 목소리를 신체의 배음背音으로 삼고 '거기–있었음'과 공백을 증언하는 증인됨의 공동共動 글쓰기 주체가 된다. 아우슈비츠가 인간의 존엄성과 인간들의 유대를 파괴하고 인간임을 부정하는 비인간 '무젤만'의 상태까지 몰아가는 지점에서 "수용소는 우리를 동물로 격하시키는 거대한 장치이기 때문에, 바로 그렇기 때문에 우리는 동물이 되어서는 안 된다"(『이것이 인간인가』, 54쪽)는 레비, "존엄성은 삶에 대한 권리"(「유대인 되기의 강제성과 불가능성에 대해」, 『죄와 속죄의 저편』, 176쪽)라는 아메리와

28. 시적 효과와 한국어의 어감을 위해 번역 부분 수정.

함께 앙텔므는 선언한다. "박해자는 인간을 죽일 수는 있지만, 인간을 다른 것으로 바꾸지는 못한다"(『인류』, 339쪽)는 선언. "인간의 극한에 근접한 이 순간 명약관화하게 드러나는 하나의 진실을 은폐하는데, 그 진실이란 여러 종류의 인류들이 있는 것이 아니라 오직 하나의 인류가 존재한다는 것이다. 우리가 그들과 같은 인간이기 때문에 친위대들도 결국은 우리 앞에서 무력할 것"(『인류』, 337–338쪽)이라고 레비는 쓴다. 이것이 『인류』, 즉 '인간이라는 종'의 표제, 『이것이 인간인가』라는 표제가 된 이유이다. 이것은 이방인과 타자를 절멸시키려는 극한의 아우슈비츠에서도 끝끝내 '인간됨'의 윤리를 공통적으로 사유하고 성찰한 증인'들'의 글쓰기이다. 조각의 문학은 비인간의 상태에서 발화하는 비언어, 'Blank' 표면 아래에서 흔적으로 남아 있는 후르비네크의 말과 함께 '오직 하나의 인류가 존재한다'고 말하고 쓰기를 멈추지 않는 지점에서 발생한 것이다.

증언 '문학'은 완결된 증언 전체의 문학이 아니다. 증언 '문학'은 증언된 증인의 글쓰기 바깥에서 여전히 발화되지 못한 공백의 언어와 함께 단편적이며 파편적인 목소리로 남아 있는 조각의 문학이다. 조각의 문학으로서 증인의 글쓰기는 단편적이며 파편적인 증언의 행간에서 익명의 목소리가 흘러나오면서 무한히 생성 중인 증언 '문학'이다.

감응과 커먼즈[*]
― 비평의 아방가르드를 위한 시론

최 진 석

1. '커먼즈'의 문제 설정

이 글을 읽는 누구라도, 문학이 소수 엘리트의 손에 독점된 대상이 아니라 대중 전체를 향해 열려 있는 공적 자원이란 주장에, 곧 문학은 공공의 것the public이자 공통의 것the commons이란 주장에 고개를 끄덕일 것이다. 하지만 이 진술은 선언적인 차원에 머물러 있으며 의제화된 당위로서 우리의 동의를 요청

* . 이 글은 『창작과비평』, 2018년 여름호에 "공―동적 사건화의 비평을 위하여: 문학이라는 커먼즈와 비평의 문제"라는 제목으로 실린 글을 수정・보완한 것이다.

할 뿐이다. 긴 역사를 통해 문학이 온전히 대중의 것으로서, 대중의 말과 의식을 경유하여, 대중을 위해 창작되고 읽혔던 시대는 드물다. 문학이 소수 지배층의 유흥거리였던 고대나 중세 사회는 물론이고, 대중의 본격적 등장으로 표지되는 근대 사회에서도 문학은 대개 '고급문학'이자 '엘리트문학'의 범주 안에서 정의되어 왔던 까닭이다.[1] 19세기 무렵에는 광범위한 독자층의 대두와 인쇄매체의 확대 및 출판시장의 형성에도 불구하고, '상상의 공동체'라는 개념이 나타내듯 근대문학은 국가와의 관계 속에서 '국민문학'으로서 규정되어 왔으며, 이는 문학이 대중적 향유보다는 국민국가nation-state의 형성이 라는 근대성의 특정한 지향 속에서 조형되어 왔음을 보여준다.[2] 그런 의미에서 '문학은 대중을 향해 열려 있는 공적 자원'이라 는 명제는 역사적이고 정치적인 조건들을 고려하지 않는다면

1. 레이먼드 윌리엄스, 김성기 외 옮김, 『키워드』, 민음사 2010, 280–282쪽.
2. Benedict Anderson, *Imagined Communities. Reflections on the Origin and Spread of Nationalism*, Verso, 2006, pp. 9–38; 가라타니 고진, 조영일 옮김, 『근대문학의 종언』, 도서출판 b, 2006, 43–86쪽. 서구의 상황을 보편화할 수는 없으나 한국이 식민지 시대에 일본을 통해 근대문 학을 처음으로 경험했고, 이후의 역사에서 그것을 내면화하는 과정을 밟았다는 점에서 일반성을 가정해도 좋으리라 생각한다. 이른바 문학제 도론이 이를 잘 보여주는바, 1970–80년대의 민중·민족문학이 남긴 깊은 족적에도 불구하고 한국문학이 제도권력과 엘리트주의의 간섭 및 영향을 늘 고민하며 성장했다는 점을 기억할 필요가 있다.

추상적 구호에 그치고 말 듯하다. 그것은 마땅히 쟁취되고 지켜져야 할 언명이지만, 언제나 이행되지 않은 채 지연되기만 했던 의심스러운 약속이었다.

왜 지금 새삼스레, 이 구태의연한 명제를 들추어내는가? 사회적 지식이자 상징적 서사형식으로서 문학은 항상 사회적 조건과 의제설정에 민감하게 조응해왔다. 이 점에서 우리 시대 문학장의 변화 역시 시대적 사회 변동과 긴밀히 맞물려 있음은 물론이다. 가령 최근 십여 년 동안 '헬조선'으로 대변되는 소외와 빈곤, 계급적 대립이 심화되었고, 세월호 참사나 문화계 블랙리스트, 여성 및 소수자를 향한 혐오의 정념 등이 나타나면서 '배제된 사람들'의 목소리가 전에 없이 공론장에 육박해 들어오는 사태가 벌어졌다. 우리 시대의 대중은 전통적 매체에 기대지 않은 채 직접 자신의 감정과 생각을 표현하고자 욕망한다. 마침 문단 내에서도 이러한 변동과 짝을 이루는 사건들이 터져 나왔다. 표절과 권력논쟁은 문단체제를 격렬히 진동시켜 놓았고, 음성적으로 만연했던 성폭력의 가시화는 페미니즘을 비롯한 소수자의 목소리가 문학장에 적극적으로 진입하는 계기를 마련해주었다.[3] 이 모든 과정은 아직 진행형이어서

3. '정통' 문예지의 쇠퇴와 쇄신, '비평 없는 문학잡지'의 창간, 비등단작가로 구성된 매체들의 탄생 등이 전자의 경우라면(장은정, 「설계-비평」, 『창작과비평』 2018년 봄호, 309–20쪽), 활발하게 발표되고 있는 페미니즘

힘겨운 토론과 협의, 투쟁의 여지를 남겨두고 있다. 그러나 분명한 사실은 이와 같은 사회적 급변에 문학장이 무감각하게 머물러 있지는 않았다는 점이다. 어떤 식으로든 현재 문학은 사회와 함께 급진적인 변전을 겪고 있다.

이런 조류 속에서 문학과 대중의 접속과 상호촉발에 관한 사유 및 공적인 것으로서 문학에 관한 발화가 이전과는 다른 방식으로 제기되고 있다는 점에 주목할 이유는 충분하다. 곧이어 살펴보겠지만, 이는 문학과 대중, 그리고 공적公的인 것의 오래된 관계가 최근의 시대적 변곡에 힘입어 급변하고 있음을 시사한다. 무엇보다도, '커먼즈'로서 문학의 위상이 새로이 정립되고 있는 이 시대에 과연 비평은 무엇을 할 수 있는지에 대한 응답의 요구가 제기되고 있는 형편이다. 이 글은 우리 시대 문학장의 변전을 공공성과 공통성의 의제를 통해 살펴보고, 비평의 과제를 '공―동성의 사건화'라는 측면에서 생각해 보려하는 시론의 일환이다.

●●
　　문학비평들이 후자의 사례들이다(『문학과사회』 2016년 겨울호[하이픈 '페미니즘―비평적'], 『문학동네』 2016년 겨울호[특집 '페미니즘, 새로운 시작'], 『문예중앙』 2016년 겨울호[특집 '#여성혐오_창작'], 『창작과비평』 2017년 여름호[특집 '페미니즘으로 문학을 읽는다는 것'] 등등).

2. 근대성과 문학 규범

공적인 것, 공공의 자원으로서의 문학이란 어떤 것인가? 앞서 문학의 공공성이란 주제가 19세기 이래 대중사회의 성립과 밀접한 관련이 있다고 말했다. 그런데 '대중적'이라는 요소를 가변항으로 둘 때, 실상 문학과 공공성은 근대문학의 초기부터 지식 담론의 주요 상수로 다루어져 왔음을 확인하기란 어렵지 않다.

서양에서 근대문학의 출발점으로 간주되는 17세기 고전주의의 경우, 그리스와 로마의 고전고대적 전범을 모방하는 것은 작품의 예술성을 규정하는 가장 중요한 요소였다. 작가의 개성이 부각되지 않던 시기였기에, 유일무이한 독창적인 작품을 만드는 것은 애초에 가능하지 않은 목표였다. '미메시스'의 의미 그대로, 작품은 선행하는 모범에 대한 '다시 쓰기'를 가리켰던 것이다. 예컨대 장 라신이 「페드르」(1677)를 썼을 때, 그는 무로부터 유를 만들어내는, 말 그대로 '창조'를 행한 게 아니었다. 동시대의 관객들은 페드르가 남편의 전처소생 아들인 이폴리트에 대한 금지된 정념에 휩싸인다는 줄거리를 미리 알고 있었고, 이를 극화한 다른 작가들의 작품들 또한 모르지 않았다. 라신은 이 공통의 주제를 자신의 스타일로 각색하여 선보였고, 「페드르」가 현대의 고전으로 남게 된 것은 그의 '다시 쓰기' 스타일이 후대의 미적 감각을 사로잡는 힘을 발휘했기 때문이다.[4] 하지만 라신 시대의 문학적 규범이 미메시스에 놓여 있던 한, 그의 창작은 원본적 진리의 충실한 재현으로 간주될 수밖에 없었다. 고전주의는 사적 개인의 창조성보다 공적 규범의 준수를 통한 반복의 충실성에 더 큰 값어치를 매겼던 까닭이다. 당연하게도 그 규범은 공공적公共的인 성격을 지녔으며, 창작과 비평의 주요한 척도로 기능했다.[5] 고전주의적 공공성은 예술 향유의 자격과 능력을 소지한 소수 지배층에 국한된 당대 문화의 산물이었다.

'창조적 예술가'라는 작가 신화의 진원지인 낭만주의 역시 사정은 다르지 않다. 고전주의적 미메시스를 거부하고 창의적 개성을 미학의 근거로 제시한 낭만주의는 작가가 갖추어야 할 재능이자 능력의 최고 심급으로서 독창성originality을 제시했다. 이는 예술작품의 공유되지 않는 특이성인바, 흔히 사회와 불화하는 고독한 작가의 이미지를 조성하는 데 기여해온 특징

• •

4. 장 루이 아케트, 정장진 옮김, 『유럽 문학을 읽다』, 고려대학교출판부, 2010, 84–85쪽.

5. 고전에 대한 모방 욕망은 너무도 강력하여 자기 시대와 과거 사이의 역사적 간극은 종종 무시되곤 했다. 고전은 곧 자연과 비견되었으므로, 일종의 자연법적 법칙성을 통해 불변하는 규범으로 선포되었기 때문이다. René Wellek, *A History of Modern Criticism: 1750–1950. The Later Eighteenth Century*, Yale University Press, 1955, p. 14 이하.

이다. 하지만 낭만주의는 무엇보다도 세계관이자 세계에 대한 태도로서 폭넓게 공유되는 사회적 감수성임을 내세웠다. '낭만'에는 실증 불가능한 예술의 신비에 대한 작가와 독자, 비평가의 공감이 내포되어 있으며, 이것이 낭만주의 이후 세계에 대한 근대인의 공통감각을 형성했던 것이다. 이를 통해 낭만주의는 사회·문화적 공론장이라는 지성사적 문맥에서 거론될 뿐 아니라, 사상사의 반열에조차 올라서게 되었다.[6] 소위 "세계를 낭만화하라"는 모토는 (고전주의적인) 좁은 의미의 예술 범주에 갇힌 창조력을 이 세계와 삶에 전면화시킬 것을 요구하는 목소리였다.[7] 소수 지배층으로부터 대중 일반으로, 심미적 안목으로부터 생활감정으로 기준이 이전됨에 따라 낭만주의적 감수성이 공공성의 비평적 도마 위에 오른 것은 당연한 노릇이다. 그렇다면 근대 문학장에서 공공성이란 무엇을 가리켰고, 어떤 역할을 맡았는가?

18세기 영국과 프랑스에서 커피하우스나 살롱을 통해 나타난 공론장의 특색은 문해력literacy에 기반한 공동체란 점에서

· ·
6. 이사야 벌린, 강유원 외 옮김, 『낭만주의의 뿌리』, 이제이북스 2005, 19–23쪽; 버트란트 러셀, 서상복 옮김, 『서양철학사』, 을유문화사, 2009, 제18–19장.
7. 프레더릭 바이저, 김주휘 옮김, 『낭만주의의 명령, 세계를 낭만화하라』, 그린비, 2011, 50–53쪽.

문학예술과 깊은 관련성을 갖는다. 계명된 귀족뿐만 아니라 지식인과 수공업자, 노동자가 거기 포함되어 있었는데, 그들은 "전통적 의미에서의 '시민'에 속하지 않는 '시민적' 집단"이었고 "독서 공중"으로서 자신을 규정지었다.[8] 이들은 국가가 담당하던 공론의 칼자루를 일반 대중에로 연장시켰고, '공적 이익'과 '사적 이익'의 상상적 일치를 실현시키는 역할을 맡았다. 이 과정이 흥미롭다. 개성적 작가와 독자 개인이 만나는 문학 경험은 근대 개인주의의 형성에 지대한 몫을 담당했다고 알려져 있으나, 여기엔 보이지 않는 제3의 요소로서 시장이 존재하며, 그것이 '공론으로서의 문학' 개념을 형성하는 데 결정적 요인이 되었던 것이다. 근대문학은 작가와 독자라는 개인뿐만 아니라 비평과 문단, 출판 산업과 시장 등의 외부적 요소들로 구성되어 왔다.[9] 특히 문학 시스템과 관련하여 공공

• •

8. Jürgen Habermas, *Strukturwandel der Öffentlichkeit*, Luchterhand, 1971, p. 37.

9. Pierre Bourdieu, *The Rules of Art. Genesis and Structure of the Literary Field*, Stanford University Press, 1995, pp. 122–124. 낭만주의의 천재–작가로부터 직업인–작가로의 개념적 이전은 19세기 문예공론장이 시장적 공공성을 규범 삼아 작동하는 담론장이었음을 반증한다. 하지만 이는 단절보다는 연속성을 암시해 주는데, 낭만주의적 독창적 예술 이론이 전제하는 작품의 미지성(창의성)은 19세기 근대의 소비주의적 쾌락 향유 방식과 긴밀히 연관되어 있기 때문이다. 콜린 캠벨, 박형신 외 옮김, 『낭만주의 윤리와 근대 소비주의 정신』, 나남, 2010, 164–182쪽.

성은 문학상품을 생산하여 시장에 공급했을 때 '공정한 계약'이 발생할 수 있는 조건을 감독하는 역할을 맡았다. 국가로부터 독립해 있는 시민사회를 자율적으로 규율하기 위해 공적인 것res publica이라는 개념이 요구되었고, 문학장 또한 거기에 의존해 있었던 것이다.[10] 이것이 문학적 근대성의 제도적 기반이며, 개인주의의 신화로 포장된 문학은 그렇게 근대성의 공적 평면에 연결된다.

역설적이게도, 시민사회를 관할하는 규범으로서 공적인 것은 동시에 국가적인 것과 긴밀히 연결된 개념이었다.[11] 예컨대 문해력과 교양은 근대성의 대중적 기반으로서 국가적 공공성의 형성에도 긴요한 요소로 작용했다. 이에 따라 개인은 공교육을 통해 공무원으로서 복무할 자질을 갖추어야 했으며, '정상적' 시민으로 활동하기 위한 최소한의 교양을 익혀야 했다. 18세기까지 무관심하게 방치되어 있던 사회화 교육은 19세기부터 읽고 쓰는 방법, 사고하고 행동하는 방법의 전반에 이르기

• •

10. 제라르 델포 외, 심민화 옮김, 『비평의 역사와 역사적 비평』, 문학과지성사, 1993, 24쪽; 사이토 준이치, 윤대석 외 옮김, 『민주적 공공성』, 이음, 2009, 50쪽. 국가로부터의 자유를 추구하던 시민사회는 초기부터 시장사회의 특징을 띠지 않을 수 없었다.

11. 서구 국가론에서 국가의 기원 자체가 '공적인 것'에 연원을 둔다. 군주가 다스리지 않기에 인민의 것(res populi)인 정치체가 국가(Republic)인 것이다. 조승래, 『공화국을 위하여』, 도서출판 길, 2010, 15–17쪽.

까지 공공의 목표로서 가족 단위에 부과되기 시작한다. 근대문학의 정서적 원천으로서 '어머니의 신화'를 상기해보자. 자애로운 모성의 이미지는 모국어mother tongue를 통해 상징적 지위를 얻게 되고, 모국motherland과 개인의 일체감을 조성하는 데 동원되었다.[12] 국가의 공식 영역으로부터는 배제되었으나, 문학적 신화 속에서 여성은 항상 국가의 상상적 대리자로 나타났다. 이는 필경 사적인 삶을 공적 차원으로 통째로 이관시키려는 근대적 기획의 일환이었다.[13]

이와 같이 근대의 공공성 규범은 시장과 국가에 의해 은밀히 매개되었고, 사회 비판/비평은 그 매개의 형식을 둘러싸고 벌어진 담론의 전장戰場이었다. 옹호든 대결이든 여기에는 한 가지 전제가 깔려 있던바, 개인은 사회와 동일한 평면에서 만나고 결합된다는 믿음이 그것으로서 근대적 공공성의 (무)의식적 밑바탕에 다름 아니었다. 그리하여 아렌트는 공공성을 공동체의 모든 구성원들을 포괄할 수 있는 특징으로 간주하고, 근대 이후의 사회적 세계를 아우르는 '탁자' 즉 발판이라 명명하게 된다.

· ·
12. 프리드리히 키틀러, 윤원화 옮김, 『기록시스템 1800−1900』, 문학동네, 2015, 47−119쪽.
13. Peter Uwe Hohendahl, *The Institution of Criticism*, Cornell University Press, 1982, pp. 72−73.

'공적public'이라는 용어는 세계가 우리 모두에게 공동의 것common to all이고, 우리의 사적인 소유지와 구별되는 세계 그 자체를 의미한다. 그러나 이 세계는 인간이 움직일 수 있는 제한된 공간이자 유기체 삶의 일반조건으로서의 지구 또는 자연과 동일하지 않다. 그것은 차라리 인간이 손으로 만든 인공품과 연관되며, 인위적 세계에 거주하는 사람들 사이에 일어나는 사건에 관계한다. 세계에서 함께 산다는 것은 본질적으로, 탁자가 그 둘레에 앉는 사람들 사이에 자리 잡고 있듯이 사물의 세계도 공동으로 그것을 취하는 사람들 사이에 존재한다는 것을 의미한다.[14]

문학적 공공성은 '인위적인' 사회계약적 이념의 상징적 표현형식으로서 제출된 것이고, 창작과 비평의 준거로서 작동해왔다. 19세기부터 본격적으로 등장한 교양소설의 이념이 이를 잘 표명하는바, 개인이 사회와 조화롭게 어울리는 상상적 형태를 창안함으로써 양자 사이에 '인공적'이고 '정치적'인 통일성을 만드는 과제가 근대문학에 부여되었던 것이다. 그러나 교양소설의 허위의식 혹은 불가능성에 대한 폭로가 시사하듯,[15]

● ●

14. 한나 아렌트, 이진우 외 옮김, 『인간의 조건』, 한길사, 1996, 105쪽.

공공성이라는 '탁자(준거)'가 다만 허구적인 요청이자 당위에 불과하다면 그 창안의 동력이 퇴색하는 현상은 불가피한 노릇이다. 근대 비평(비판)의 주요한 과제 중 하나가 그와 같은 공공성을 수호하고 유지하는 데 두어졌던 것은 결코 우연한 일이 아니었다.

3. 탈근대와 만인의 예술

'공통성' 또는 '공통적인 것'의 문제 설정은 공공성에 대한 근대적 사변을 기각하고 공공성을 발본적 차원에서 재정식화하려는 시도라 할 수 있다.[16] 플라톤적 이데아나 칸트적 요청주의의 한계를 함축하는 '세계의 탁자'를 떠나, 자연과 역사

----

15. 프랑코 모레티, 성은애 옮김, 『세상의 이치』, 문학동네 2005, 422–423쪽.
16. 한국의 자율주의 그룹은 'the commons'를 '공통적인 것' '공통성' '공통재' '커먼즈' 등으로 다양하게 번역하고 있다. 번역의 사정에 대해서는 피터 라인보우, 정남영 옮김, 『마그나카르타 선언, 모두를 위한 자유권들과 커먼즈』, 갈무리, 2012, 10–11쪽을 보라. 'common'이라는 단어는 근대 자본주의 이전에 공유지를 통해 인류가 '공유'를 경험해보았다는 증거로서 제시되기 때문에 중요하다. 즉 공통적인 것은 추상적 관념 구성물이 아니라 자연사와 역사를 관통하여 산노동의 터전이 실재했음을 입증하는 (준)선험적 어휘이다. 돌봄노동 등 이를 사회과학적 관점에서 풀어낸 사례에 대해서는 백영경, 「복지와 커먼즈: 돌봄의 위기와 공공성의 재구성」, 『창작과비평』 2017년 가을호, 24–27쪽을 보라.

속에 영구히 실존해온 구체적 현실로서 공통적인 것의 실체를 (재)구성하려는 기획이 그것이다.

맑스주의 전통에서 자본주의는 공산주의에 도달하기 위해서는 불가결하게 통과해야 하는 단계로 설정된다. 대공업과 세계시장이라는 자본주의적 조건은 반드시 충족되어야 할 물질적 토대를 만드는 과정이다. 그렇게 부풀려진 '빵'은 양적 최대화를 달성하고, 공평한 절차를 통해 차별 없이 분배될 것이다. 하지만 여기에는 피할 수 없는 덫이 있으니, 착취로 인해 발생하는 노동의 죽음이 그것이다. 'M–C–M'의 가치증식법칙에 따라 산출되는 상품의 세계는 '가치 있는 것'과 '가치 없는 것'을 나누고, 이로써 존재하는 모든 것은 전자와 후자 사이의 어느 한편에 귀속되어 버린다. 상품이 되지 못하는 것은 예외 없이 죽은 사물, 가치화되지 않는 비–존재일 따름이다. 그런데 신자유주의는 이전까지 가치화의 범주를 벗어나 있던 모든 것을 가치의 영역으로 몰아넣어 사유화하고, 상품화하여 시장에 유통시켰다.[17] 공통성의 문제의식은 여기서 출발한다.

공통적인 것은 지구, 그리고 지구와 연관되어 있는 모든

• •

17. 데이비드 하비, 최병두 옮김, 『신자유주의』, 한울 2007, 201–208쪽.

자원들, 즉 토지, 삼림, 물, 공기, 광물 등을 가리킨다. 이는 17세기 영어에서 'common'에 '–s'를 붙인 'the commons'라는 말로 공유지를 지칭했던 것과 밀접한 관계를 갖는다. 공통적인 것은 아이디어, 언어, 감응 같은 인간 노동과 창조성의 결과물을 가리키기도 한다. 전자를 '자연적인' 공통적인 것으로 이해하고 후자를 '인공적인' 공통적인 것으로 이해할 수 있겠지만, 자연적인 것과 인공적인 것의 구분은 사실상 곧 허물어진다.[18]

공통적인 것은 자본주의적 가치화 이전의 자연적인 것이지만, 순수한 자연물 자체라기보다 자연과 인간 사이에서 착취되지 않은 관계의 본래성을 뜻한다. 근대적 공공성과 달리 공통성은 우리에게 본래적으로 주어져 있는 관계를 함축한다. 여기서 노동은 살아 있는 행위로서 또 다른 공통적 관계를 창출하는 데 기여할 것이다. 그러므로 공통성을 회복하는 과제는 자본에 의해 착취당하고 강탈당한 공동의 터전을 되찾아 재구성함으

• •
18. 마이클 하트, 연구공간L 엮음, 「공통적인 것과 코뮤니즘」, 『자본의 코뮤니즘, 우리의 코뮤니즘』, 난장, 2012, 34–35쪽. 자연재와 인공재를 공통적인 것으로 명명할 수 있는 이유는 이것들이 다양한 구성적 잠재성을 갖기 때문이다. 즉 공통적인 것들은 서로 합성하여 새롭게 관계 맺음으로써 다른 형태로 발명될 수 있기에 공통재라 불린다. 그것들은 "공유됨으로써 자신의 정당성을 발견"하는 것이다. 마우리찌오 랏짜라 또, 서창현 외 옮김, 자율평론 기획, 「자본–노동에서 자본–삶으로」, 『비물질노동과 다중』, 갈무리, 2005, 267쪽.

로써 산노동의 코뮤니즘 사회로 이행하리란 전망 속에 긍정된다.

우리의 주목을 끄는 것은 언어가 공통성의 요소들 가운데 하나라는 주장이다. 물이나 공기, 자연자원처럼 언어는 무상으로 주어져 있기에 사적으로 독점할 수 있는 대상이 아니다. 언어는 자연 자체는 아니지만 자연에 실존하는 '생성하는 힘'은 언어를 통해서만 자신을 드러내고, 공통적인 것의 구성에 관여할 수 있다. 그런 의미에서 "언어는 공통적이다. 인간과 자연 그리고 인간과 인간 사이의 관계에서 도구는 완전히 변형되었다. (…) 우리는 언어만을 필요로 한다. 언어가 바로 도구다. (…) 언어는 공통적인 것에서만 그리고 공통적인 것으로부터만 탄생하고 발전한다."[19] 언어의 공통성이라는 근본 조건으로 인해 예술 특히 문학은 대중에게 본래적으로 개방되어 있는 산노동의 도구로 표명된다. 공통적 언어에 입각한 문학예술은 작가와 독자 사이의 전통적 구분마저 폐지시킬 정도다. "예술은 천사가 만들어낸 게 아니다. 예술은 만인이 천사라고 하는 단언이며, 또 이는 매 순간 재발견되어야 하는 사실이다."[20] 이로써 공통적 언어의 주체는 누구라도 공공성이

• •
19. 안또니오 네그리, 정남영 옮김, 『혁명의 시간』, 갈무리, 2004, 119쪽.
20. 안또니오 네그리, 심세광 옮김, 『예술과 다중』, 갈무리, 2010, 110쪽.

라는 '탁자'를 벗어나 창작과 비평의 주체로서 활동할 근거를 얻게 된다. 분명 문학은 모두에게 공통적인 것common to all이라 단언할 수 있으리라.

언어를 공통적인 것으로, 문학을 그 산물로 간주하는 입장은 예술과 삶의 오랜 분열을 극복하려는 시도로 보인다. 오랫동안 문학의 수동적 소비자에 머물러 있던 대중은 창작과 비평의 무대 위에서 적극적으로 발언하고 직접 행위할 수 있는 근거를 획득하게 되었다. 문학의 공공성이 공정한 계약의 근대적 이념으로부터 공통성의 창조라는 현행적 활동으로 전화한 셈이다. 그러나 언어가 '공통적으로' 사용되기만 한다면 또 다른 긍정적 공통성, 곧 공통적인 문학의 생산에 기여할 것이란 주장은 다소 순박하게 들리는 게 사실이다.[21] 언어를 추상적 중립물처럼 다루는 탓이다. 중립을 표방하는 문법적 규약과 달리 실제 발화는 늘 가치 평가적이고 상황 종속적이며, 따라서 이데올로기적으로 정향되어 있다. 일상어와 마찬가지로 문학의 언어역시 특정한 가치와 의미에 침윤되어 있으며, 사회적 규정성으로부터 자유로울 수 없다.[22] 언어가 공통적인 것으로서 모두에

21. 이종호, 「공통되기를 통한 예술의 확장과 변용」, 『자본의 코뮤니즘, 우리의 코뮤니즘』, 286–287쪽.
22. 미하일 바흐찐·발렌찐 볼로쉬노프, 송기한 옮김, 『마르크스주의와 언어철학』, 한겨레, 1988, 1장. 후기 알튀세르와 유사하게, 바흐찐은

게 주어져 있다 할지라도, 역사적이고 정치적 문맥에서 그것이 사용될 때는 특정하게 변용된 상태를 상정하지 않을 수 없다.

문학작품에서 쓰이는 언어는 전혀 중립적이지 않다. 창작활동은 언어에 대한 의식적이면서도 동시에 무의식적인 가치 및 의미의 굴절 과정이며, 이로부터 작품에 대한 해석의 문제도 생겨나게 된다. 가령 발자크가 의식적으로는 왕정주의자였어도 무의식적으로는 반왕정주의적 세계 감각을 갖고서 창작에 임했던 사례를 떠올려보라.[23] 작가의 무의식뿐만 아니라 텍스트의 무의식이 문제가 되는 현대의 관점에서, 언어의 공통성이라는 전제는 실제 작품을 창조하고 독해하는 데에 그다지 유효한 실마리를 마련해줄 것 같지 않다. 언어를 순수하게 선험적인 도구로서, 마치 토지, 삼림, 물, 공기 같은 자연적인 실체처럼 간주하는 것으로는 충분하지 않다. 언어에 함유된 가치와 의미는 사회의 (무)의식적인 과정을 거치며 굴절되고 변형된 채 표현되는 까닭이다. 따라서 언어가 공통적으로 존재한다 해도 모두에게 공동적共同的인 방식으로, 즉 동일한 것으로

• •

이데올로기를 의식적 측면과 더불어 무의식적 측면을 포괄하는 힘으로 간주했다. 최진석, 『민중과 그로테스크의 문화정치학』, 그린비, 2017, 196–202쪽.

23. 프리드리히 엥겔스, 최인호 외 옮김, 「엥겔스가 런던의 마가렛 하크니스에게」(1888년 4월 초), 『맑스 엥겔스 저작선집 6』, 박종철출판사, 2002, 483–484쪽.

서 현존하는 것은 아니다. 언어가 실려 있는 사회적 (무)의식은 개인과 집단에게 상이한 방식으로, 그/녀와 그들이 실존하는 역사 및 정치적 지형의 차이에 따라 서로 다르게 조건 지어져 있다.[24] 언어의 공통성과 대중을 향한 문학의 개방이라는 주제는 이 점을 염두에 두면서 주의 깊게 성찰되어야 한다.

4. 대중의 감응과 우리 시대의 비평

감응affect, 感應은 공통성과 공공성의 차이를 절합articulate해주는 개념이다.[25] 단순화를 무릅쓰고 설명하자면, 우리의 일상적 '느낌'이나 '감정'은 독립적으로 존재하는 감각이 아니다. 감각은 늘 하나의 상태로부터 다른 상태로 (무)의식적으로 이동하는 연속적 힘이며, 우리는 그 과정에서 예각화된 특정한 지점들에 '기쁨'이나 '슬픔', '분노' 등의 정서적 명칭을 붙여 구분한다.

• •

24. 최진석, 『민중과 그로테스크의 문화정치학』, 제5장 참조.

25. 처음 이 글을 발표했을 때는 인문학계의 관행에 따라 'affect'를 '정동(情動)'으로 번역했으나, 그간 이 용어의 함의와 용법에 대한 다양한 논변들이 생겨났고, 필자 역시 한 권의 책을 묶어낸 바 있기에 수정된 글에서는 '감응'으로 고쳐 쓰기로 한다. 최진석, 『감응의 정치: 코뮤주의와 혁명』, 그린비, 2019, 제1장 참조. 단, 다른 저자의 글을 인용할 때는 그의 용어 선택을 존중하기 위해 '정동'으로 남겨두겠다.

그렇게 특정화된 감정들을 서로 이어주는 연속적인 이행의 감각을 감응이라 부르자.[26] 가령 2018년 4월에 성사된 남북정상회담에 대해 언론이 '민족의 감격'이라는 표제를 내건다 해도, 각 개인이 체감하는 실제 감각은 그보다 훨씬 넓은 진폭을 보일 수 있다. 이산가족이라면 회한과 슬픔을 동반한 기쁨을 느낄 것이요, 이념적 대립의 시대를 겪은 세대는 평화에 대한 희망과 더불어 막연한 불안감도 가질 만하다. '기쁨'이라는 단어로 동일하게 표현되었을지라도, 경제 교류를 반기는 기업인의 기대와 그런 이해관계 없이 고양된 사회 분위기에 호응하는 일반인의 기분이 같을 리 없다. 요컨대 느낌이나 감정은 언어적으로 포착된 감응의 일단면이기에, 그 흐름의 복잡다단한 변이 양상을 담아내지 못한다.

이러한 감응은 대중의 (무)의식적 감각에 직접 촉수를 맞대는 공통적인 것이다. 우리는 의식적으로는 서로 반목하거나 무관심할 수 있어도, 무의식적으로는 서로 연결되어 있다. 이에 따라 각자의 삶이 시장의 상품처럼 가치화된 신자유주의 시대에조차 대중은 감응의 상호작용을 통해 서로 만나고 교류하며 새로운 관계를 직조할 수 있게 된다. 사회적 의제에 관해

· ·

26. Gilles Deleuze & Félix Guattari, *What is Philosophy?*, Columbia University Press, 1994, pp. 66–67.

대중이 직접 발화하고 반응하는 이 시대에 문학은 더 이상 소수의 향유집단이나 전문가들에게 위임된 사유지가 아니다. 감각의 공유지대로서, 공유되는 감수성으로서 감응은 우리 시대의 대중을 정의하는 가장 중요한 개념 중 하나다. 예술작품의 감동이 (무)의식적인 충격을 통해 감수성에 변화를 일으키는 것이라면, 대중은 자신들이 느끼는 감응의 충격을 직접적으로 표출하고자 욕망한다. 예를 들어, 조남주의 『82년생 김지영』(민음사, 2016)을 둘러싼 비평가들의 논쟁은 단지 전문가적 감식안의 차이를 반영하는 것만은 아니다. 몇 가지 이유에서 예술적 완성도의 미비를 지적받고 있음에도 불구하고, 이 소설을 지지하는 평론가들은 작품이 독자대중과 내밀하게 감응하고 있다는 점에 주목한다. 허구적 주인공의 서사에서 (여성)독자들은 자신의 경험과 연결되는 지점들을 찾아내고 그에 감응했다는 것이다.[27] (무)의식적인 감각의 운동으로서 감응은 그렇게 작가와 독자를 연결시키고, 그들에게 공통의 언어를 기입한다. '정동의 쓰기'로 명명되는 이 운동은 "가장 내밀한 신체적 레벨에서부터 우리는 이미 서로 정동하고 정동되며 살아가고

- -

27. 김미정, 「흔들리는 재현·대의의 시간 2017년 한국소설 안팎」, 『문학들』, 34–37쪽. 『82년생 김지영』이 불러일으키는 대중의 동조 효과는 감응의 발현과 전염이라는 점에서 정확히 감응의 운동을 예시해준다. 최진석, 『감응의 정치학』, 47–50쪽.

있"다는 증거로서 제시되는 형편이다.[28]

이렇게 한국문학은 대중의 감응, 나아가 공통성에 직접 접속함으로써 문학 '바깥'의 영역에서 일어나는 다양한 쓰기의 범람을 경험하는 중이다. 즉 기존의 문학 장르, 문단제도, 정형화된 글쓰기의 형태들을 타기하면서, 일상의 다양한 풍경들로부터 직접 감응을 길어내 문자화하고 있는 것이다. 이는 근대적인 "공통의 합의된 이미지로서의 문학을 재생산하는 것을 넘어서, 새롭게 문학을 재구축하"는 현상이며, 그 명시적인 사례들이 "4·16 이후의 쓰기, 강남역과 구의역의 쓰기, 광장의 쓰기"로 나타났고, 궁극적으로는 "지금 문학장 안팎의 변동"을 상징적으로 드러내주는 현상이라 할 만하다.[29] 이런 광경들은 자연히 문학이 '모두에게 공통적인' 표현적 자원으로 활용되리란 기대를 낳는다. "실제 독자들이 문예공론장에 대거 유입되고 발화하기 시작"했으며, "전 방위적으로 대의되지 않고 스스로 말하겠다고 주장하는 주체들을 비로소 가시화했다. (…) 문학을 둘러싼 대화의 테이블에 이들 신참자들의 자리를 상정하지 않으면 안 된"다는 것이다.[30] 이는 전통적 문학 담론

28. 김미정, 「'나─우리'라는 주어와 만들어갈 공통성들. 2017년, 다시 문학의 공공성을 생각하며」, 『문학3』 2017년 1호, 18쪽.

29. 김미정, 「'나─우리'라는 주어와 만들어갈 공통성들」, 23쪽.

30. 김미정, 「흔들리는 재현·대의의 시간」, 46, 48─49쪽. 대중의 가시화는

이 가정했듯이 작가와 비평가의 창작 및 해석을 존중하고 뒤따르던 독자 대신, 현재를 살아가는 현실적 독자에게 "매우 적극적으로 '영합하는'" 방식으로 문학장이 변전해버렸음을 인정하라는 주장이기도 하다.[31] 대중이 자신의 말을 쏟아내기 시작한 우리들의 시대에 이르러, 마침내 삶과 예술의 근대적 분열은 극복될 것인가?

이와 같은 질문은, 비평의 기능과 역할에 대한 답변을 필연코 요구한다. 창조적 감응의 주체로서 대중 전체가 호출되고 기존의 장르 형식이나 글쓰기 형태의 외연이 확장되고 있는 우리 시대에 비평가의 전통적 위상은 전에 없이 좁아지고 말았다. 문학이 시민사회의 시장논리에 맞춰 상품으로서의 작품을 독자에게 공급하던 시절에 비평은 예민한 감식안을 통해 옥석을 가리는 기능을 수행했었다. 허다한 문학작품들 중에서 어떤 것이 고귀하고 가치 있는 것인지, 어떤 것은 무의미하고 내버려도 좋은 것인지를 골라내고 품평하여 시장에 진입시키는 공정거래의 감독관 역할은 더 이상 필요 없게 되었다. 사정은 이념

촛불로 표명되는 최근의 사회·정치적 변동과 궤를 같이 하는 현상으로 언급되고 있다.
31. 오혜진, 「퇴행의 시대와 'K문학/비평'의 종말」, 『문화/과학』 2016년 봄호, 103쪽. 나아가 전통적 문학 형식을 대체하는 새로운 표현매체로서 웹소설이나 팬픽, 웹툰 등이 다양하게 거론되고 있다.

비평에서도 다르지 않은데, 비평가는 대중의 정신과 육체에 올바른 영향을 끼치는 작품을 찾아내 그 의의를 선명하게 보여주는 역할을 맡아야 했다. 어느 쪽이든 문학의 공공성이라는 명제는 비평가적 지위의 선도성과 우월성을 전제하는 것이었다.[32] 그런데 감응의 공통성으로 문학장의 기반이 변형된 오늘날, 비평가는 더 이상 대중의 취향이나 미적 관점을 지도하거나 주도할 수 없게 된 듯하다. 우리는 비평의 종언을 목도하고 있는 걸까?

역설적이게도, 현재를 '비평의 전성시대'라고 부를 만한 근거가 주변에 널려 있음도 사실이다. 직업적 비평가의 지위가 무너진 대신, 문화의 생산자이자 소비자로서 대중이 자신을 표현하기 위해 콘텐츠를 개발하고 플랫폼을 제작할 뿐만 아니라 일련의 비판적 작업에 관여함으로써 일종의 비평가적 역할을 수행하게 되었기 때문이다.[33] 문학이 커먼즈로서 창작의 공통성을 보유하는 것과 마찬가지로, 비평 역시 커먼즈처럼 '모두에게 공통적인' 작업이 되었다는 뜻일까? 이 같은 현상

· ·

32. 당연한 말이지만, 이 같은 전통 비평가의 역할은 더 이상 기대하기 어려울 뿐만 아니라, 순전히 긍정적인 기능이었다고 할 만한 것도 아니다. 앞서 근대 공론장의 성격에서 밝힌 대로, 가치의 옥석을 가리고 이념을 선도하는 비평은 종국적으로 시장 자본주의와 국가주의의 성장사와 궤를 같이 했기 때문이다.

33. 오혜진, 「퇴행의 시대와 'K문학/비평'의 종말」, 94–95쪽.

자체를 부정적으로 볼 이유는 없다. 커먼즈로서의 문학, 모두에게 공통적으로 열린 문학장의 변화를 환영하지 않을 까닭이 없다. 다만, 우리의 입장이 이것이냐 저것이냐의 양자택일에 만족할 게 아니라면, 우리는 이 현상의 다층적인 면모들에도 주의를 기울여야 할 것이다.

맑스는 근대를 예술에 적대적인 시대로 규정한 바 있다. 자본주의가 만개하는 시대는 모든 노동의 가치가 오직 잉여가치의 생산에만 한정됨으로써, 이 회로를 벗어나는 어떤 활동도 무가치한 것으로 무화되어 버리는 탓이다. 존 밀턴^{John Milton}이 『실낙원』(1667)을 종교적 열정이나 창조적 상상력에 이끌려 썼을 때, 그는 아무런 가치도 생산하지 않은 셈이다. 밀턴의 원고가 출판업자의 손에 넘어갔을 때만, 그래서 그의 손에 원고료가 쥐어졌을 경우에만, 그의 창작은 '생산적 노동'으로 인정받는다.[34] 밀턴의 17세기보다도 자본주의가 더욱 촘촘하게 지배의 그물망을 드리운 오늘날은 쓰려는 욕망조차 화폐단위로 가치화된다. 문학청년이 창작이나 비평의 꿈을 안고 글쓰기를 구상할 때 그의 욕망은 '순수'해 보이지만, 실상 그가 문학을 삶의 업으로 선택했을 때 이미 그는 문학이라는 제도,

· ·

34. 칼 맑스, 편집부 옮김, 『잉여가치학설사 1』, 아침, 1989, 448–449쪽. 즉 자본주의 사회에서 '생산적'이란 수식어는 교환가치로 환산된다는 조건을 충족시킬 때만 붙여질 수 있다.

문학장의 시장적 순환에 포획되고 마는 것이다.

개인 블로그나 SNS에 취미삼아 또 재미삼아, 혹은 순전한 '감응적 글쓰기'의 열정에 사로잡혀 연재하던 문장들은 책이라는 상품으로 콘텐츠화되는 순간부터 '생산적 노동'으로 규정되고, 원고료의 수익 관계를 통해 가치화되는 사례들이 종종 보도된다. 그것은 개인의 순수한 취향이 가슴 벅찬 문학적 결실로 피어나는 장면인 동시에, 출판시장 속에서 그 열정이 계량화되고 계약 관계로 편입되는 장면이라 할 수 있다.[35] 우리는 한편으로 창조의 열정이 화폐로 교환될 수 없는 순수성을 갖는다고 믿고 싶어 하지만, 실제로는 안정적이고 지속적인 창조를 위한 상품화의 논리를 (무)의식적으로 마음과 신체에 새겨놓고 있지 않은가? 그렇다면 창작과 비평의 영역에서

· ·

35. 목적 없이 개인 블로그에 연재되던 글을 출판사의 접촉을 통해 펴내게 되었다는 언론 보도는 글쓰기와 책을 애호하는 대중에게 일종의 '도시 전설'처럼 자주 회자되는 이야기다. 누구든 자신의 말을 타인들에게 전달하고 싶다는 욕망을 포착해 자비출판 형식으로 발간해주는 비즈니스도 미래 유망사업으로 홍보되는 형편이다. 삶의 보람을 찾는다는 의미에서 그러한 글쓰기나 출판이 나쁠 리가 없다. 다만 대중의 일반적 통념에는 가격을 통해 가치화되지 않는 개인의 저술이란 대개 유의미한 것으로 다가들지 않는다는 점을 지적해두자. 사정은 문학 창작과 비평을 '본업'처럼 여기는 문학장에서도 마찬가지인데, 이른바 '메이저'와 '비메이저'를 나누고 어디에 글을 싣고 어떤 출판사에서 책을 내는가가 가치의 척도처럼 운위되는 상황은 이러한 아이러니를 정확히 반증하는 것이다.

대중이 직접 활약하게 된 오늘날의 상황이 진정 새롭다고
할 수 있을까? 오히려 우리는, 신자유주의 시대를 살아가고
있는 대중은 자본에 의해 전방위적인 가치화의 경주를 강요당
하고 있는 게 아닌가? 언어든 감응이든 그 무엇이든 공통적인
것마저 자본에 의해 식민화되고 있는 현재의 지형에서 비평은
무엇을 해야 하는가? 또는 어떻게 변전해야 할까?

5. 공–동성, 혹은 비평의 아방가르드

제도와 규범, 시장의 논리로 촘촘하게 포위된 (탈)근대 사회
에서는 대중의 사고와 행동, 심지어 무의식과 욕망조차도 온전
히 통제되고 조율된다. 우리는 세계와 타자를 '날것' 그대로
만날 수 없으며, 삶이 전달하는 직접적 감각은 봉쇄당해버렸다.
대중의 무의식 및 신체를 관류하는 공통의 감응에 대한 기대와
희망이 우리 시대의 이론적 상상력을 수놓고 있으나, 그것을
직접 감지하거나 조정하고 기획하는 작업은 애초부터 불가능
해 보인다. 감응은 개인을 넘어서는 힘이며 의식과 의지에
따라 규정되지 않는 집합적인 무의식적 욕망이다. 불의한 정권
에 항의하기 위해 광장에 모인 사람들은 주최 측이 내건 대의명
분에 하나부터 열까지 동의하지는 않더라도 그곳의 전반적

분위기에 감염되어 함께 구호를 외치고 노래하며 싸울 수 있다. 이러한 감염적 양상의 분위기가 감응의 공—동성共—動性을 만들어낸다. 감응은 어떤 구체적인 실체라기보다 다양한 인접 요소들의 배치가 창출하는 분위기, 그 공명과 유동의 효과에 다름 아니다.[36]

문제는 현재의 신자유주의적 지형에서 돌봄과 배려, 자발성 및 창의적 아이디어와 같은 감응적 요소들은 화폐적 가치를 통해 장악되어 있다는 점이다. 달리 말해, 감응조차 자본주의적 관계에서는 '생산적 노동'으로 분류됨으로써 소비의 대상이 된다. 감정노동이나 열정노동은 벌써 오래 전부터 보상 없는 감응적 노동으로 언급되어 왔으며, SNS나 블로그, 인터넷 매체에 재미삼아 올리는 정보나 지식마저도 해당 미디어의 자산 가치를 높여주는 무상의 노동으로서 인식되는 형편이다.[37] 문학장의 변동과 함께 나타난 새로운 문학적 표현의 형태들 중에 팬픽이나 웹소설, 웹툰 등이 거론되곤 하는데, 그 창조적 열정과 효과는 주목받기에 충분하지만 궁극적으로

• •

36. 최진석, 『감응의 정치학』, 51–53쪽; 최진석, 『민중과 그로테스크의 문화정치학』, 91–92쪽.
37. 앨리 러셀 혹실드, 이가람 옮김, 『감정노동』, 이매진, 2009, 189–199쪽; 앙드레 고르스, 임희근, 정혜용 옮김, 『에콜로지카』, 갈라파고스, 2015, 37–39쪽.

자본주의 사회의 플랫폼 위에서 그것들이 구축되는 한 '생산적 노동'의 함정을 피하기는 어렵다. 대중적 감응의 시대에 자유는 곧 착취당하고 강탈당할 자유와 다르지 않다. 이것이 더욱 위험한 이유는, 우리가 스스로의 가치를 창출한다고 믿는 가운데 우리에 대한 착취와 강탈을 순순히 허락할 수도 있기 때문이다. 비평의 문제제기는 바로 이 점에서 시작되어야지 않을까?

푸코는 자본주의와 국가권력에서 벗어나려는 비판적 태도를 "어떻게 하면 통치되지 않을 것인가?"라는 물음 속에 정식화한 바 있다. 비판/비평criticism이란 그 어원대로, 주어진 시대의 지평을 '분리'하고 '선택'하며 '판단'하면서 '결정'함으로써 맞서 '싸운다'는 뜻이다. 비판/비평의 파생적 의미로서 '위기cri-sis'를 항상 마주하는 비평가는 자신의 행위를 통해 "우리 시대 진리의 정치를 새롭게 사유"하는 기능과 임무를 맡아야 한다. 전적으로 동의한다. 자본주의적 가치 및 국가주의적 기율에 통치되지 않기 위해 우리는, 무엇보다도 비평가는 "통치하려는 권력이 내세우는 진리를 끊임없이 의심하고 회의"해야 하며, "그럼으로써 진정한 진리가 무엇인지를 밝혀 그것으로 통치에 저항하는 거점을 마련하"려 노력해야 할 것이다.[38]

· ·

38. Michel Foucault, "What is Critique?" *The Politics of Truth*, Semiotext(e), 1997, pp. 26–29; 문강형준, 「어떻게 하면 통치되지 않을 것인가? 비평의 의미와 문화비평의 임무」, 『문학동네』 2016년 봄호, 405, 407쪽.

우리가 자신도 모르는 사이에 착취당하고 강탈당하지 않기 위해서는 모든 것이 자율적인 가치를 담지하는 듯한 이 시대의 대세에 항상 질문을 던지고 비판적 태도를 취할 필요가 있다. 그런데 자본과 국가에 대한 이와 같은 저항적 자세는, 설령 그게 아무리 진정성 있게 비친다 할지라도, 종래의 비판 이론 즉 시민사회의 공공성이 노정하던 대항투쟁의 양태를 크게 벗어나지 못할 성싶다. 권력과 화폐가 제공하는 이데올로기의 달콤한 위장을 벗겨내 이면의 함정을 폭로하고, 대중을 기만하는 허위의식을 규명함으로써 해방을 지향하는 이데올로기 비판의 전략들 말이다.[39] 물론, 그러한 노력의 유효성을 부정할 마음은 없다. 다만 부정적 방법이 갖는 방어적 한계를 넘어설 새로운 투쟁의 방식 또한 비평적인 것으로서 제시할 필요가 있다.

20세기 초엽, 사진이 회화를 대체하여 일상의 풍경을 낱낱이 기록하고 시장을 점령해가던 상황에서 벤야민은 사진이 어떻

39. 전술했듯, 18세기 이래 시민사회의 건전성과 비판적 상식은 국가에 대항하는 과정에서 시장과 결탁했고, 그 후에는 국가에 예속되어 시장 질서를 지키는 데 일조했다. 비판/비평이 종래에는 시장을 보호하고 국가를 보위하는 도구로 전락한 역사를 우리는 잘 알고 있다. 비판적 태도 및 자세만으로는 부족하다. 그것은 어쩌면 미적 무관심성이라는 근대 미학의 원리와 상통하는, 비판을 가장한 무비판의 과장된 제스처에 지나지 않을는지 모른다. 테리 이글턴, 방대원 옮김, 『미학사상』, 한신문화사, 1995, 86-87쪽.

게 고유한 예술성을 발견하고, 예술적 특이성과 함께 정치성마저 획득할 수 있을지 고민했다. 그는 이 문제를 렌즈의 '낯선 사용'으로 풀고자했다. 현실을 있는 그대로, '사실적'으로 '재현'하는 게 아니라 대상의 이질적인 선택과 통상적이지 않은 촬영각 및 피사체의 배치 등을 통해 '초현실적'으로 '표현'하는 기법이 바로 그것이다. 카메라 렌즈는 인간의 맨눈으로는 볼 수 없는 특이한 감각의 풍경을 포착했고, 벤야민은 이를 '시각적 무의식das Optisch-Unbewußte'이라 불렀다.[40] 자연적 지각을 넘어서는 낯선 대상들, 또는 감히 대상이라 말할 수도 없는 그로테스크한 사물들이 비인간의 눈을 통과해 나타났고, 이는 세계의 재구성에 값하는 사건이라 할 만하다. 익히 알려진 '아우라Aura'는 이러한 사건적 분위기에 붙여진 이름인바, 시장과 권력에 의해 장악되기 이전의 세계감각, 근대의 시공간적 규범에 포획되지 않은 '다른 세계'로 나아갈 틈입구를 순간적으로 드러내는 돌출을 뜻한다. 상품의 형태로 타성화되고 자동화되기 전에 사진 이미지를 구출해내야 할 절박한 이유가 여기에 있다. 그러므로 이 생경한 날것의 감응에 특정한 이름을 붙이는 행위는 미학적인 동시에 정치적인 모험이 되어야 한다. 아우라

- -
40. 발터 벤야민, 최성만 옮김, 「사진의 작은 역사」, 『기술복제시대의 예술작품 | 사진의 작은 역사 외』, 길, 2007, 168쪽.

의 감응적 효과를 부각시키는 명명행위는 관습화된 취향에 복종하지 않음으로써 사진의 상품적 가치를 떨어뜨리고, 시장을 교란시키는 예술이 될 것이기 때문이다.

하지만 단지 익숙한 풍경을 타파하는 낯선 분위기를 표현하는 것만으로는 부족하다. 그 광경이 이질적인 만큼 우리는 그것이 무엇을 뜻하는지, 다음 발걸음을 어디로 내딛어야 하는지, 혼돈을 다시 어떤 식으로 조형해야 하는지 알지 못하는 까닭이다. 현재적인 질서를 흐트러뜨렸다면, 이제 다른 질서를 새로이 구성해야 할 때가 도래한다. 정치적인 것the political은 바로 이 시점에서 출현하는 사태를 가리키는 바, 관건은 이 새로움이, 그 낯설음이 어떤 것인지 인식하고, 그로써 무엇을 새로이 사유하며, 어떻게 다시 행위 할 수 있는지 파악하는 데 있다. 낯설음은 낯설음 그 자체로는 아무것도 아니다. 여기에 어떤 이름이 부여되고, 개념적 성분이 추가될 때 낯선 것은 비로소 우리 주체와 공–동하는 사건, 감–응하는 사태로 전변한다. 다시 사진의 사례로 돌아간다면, 인화지에 출현한 사물의 낯선 풍경에 특정한 표제를 붙임으로써 그것이 지배적 가치와 기율에 복종하지 못하도록 중지시키는 행위가 그것이다.

카메라는 점점 더 작아지고 점점 더 재빨리 스쳐 지나가는 은밀한 이미지들, 그 충격이 관찰자의 연상 메커니즘을 정지시키게 될 이미지들을 붙잡을 것이다. 이 자리에 사진의 표제가, 사진을 모든 삶의 상황을 문자화하는 일에 포괄시키는 그 표제가 들어서야 한다. 그 표제 없이는 모든 사진적 구성은 불확실한 것 속에 갇혀 있을 수밖에 없다.[41]

표제화Beschriftung는 새롭고 낯설게 출현한 감응을 권력의 지침에 회수되지 않도록 가로막는 행위이기에 정치적 사건화이고, 상품으로서 안일하게 소비되지 못하도록 저지하기에 예술적 사건화라 할 수 있다. 표제를 붙이는 것, 그것은 정신없이 변전하는 사태의 향방을 가늠하고 그 의미를 짚어내며, 속도와 강도를 가속화하는 개입적 참여이다. 그로써 사건이 소진되어 휘발되지 않도록, 사건이 다음 사건을 위한 촉발제가 되도록 불쏘시개를 집어넣는 작업이다.[42] 시대의 비판, 시대를 마주한 비평 또한 그래야 하지 않을까? 생성하는 감응의 현장이 자본과 국가에 의해 박제가 되지 않도록 비판적으로 명명하는 행위, 의제화의 기예art야말로 지금 비평이 떠맡아야 할 과제 아닌가?

• •
41. 벤야민, 「사진의 작은 역사」, 195쪽.
42. 가타리는 이 같은 사태를 코뮨주의적 실천에 의해 야기되는 재영토화라 불렀다. 안또니오 네그리 · 펠릭스 가따리, 조정환 편역, 『자유의 새로운 공간』, 갈무리, 2007, 153–154쪽.

비평이 발생시키는 예술적 사건화의 의미는 대단히 중요하다. 비평은 작품을 정치적 언설 속에 용해시켜버리는 작업이 아니라 예술작품이 갖는 고유한 강도와 속도를 보존시키는 가운데 자본과 국가의 권력으로부터 탈구시키는 전략이기 때문이다. 따라서 비평가가 사진 이미지에 붙인 해석적 표제는 통념에 반하거나 거부감을 일으킬 수 있지만, 그만큼 대중의 이완된 감수성에 충격과 성찰의 계기를 불어넣을 수 있다. 이는 작가가 작품을 만들면서 붙이는 제목과는 또 다른 의미화의 파장을 낳을 것이다. 러시아 형식주의자들의 조언대로, 예술은 그것이 느리고 완만하게 지각될수록, 그리하여 특정 의미에 최대한 늦게 도달할수록 역설적으로 그것만의 특이적인singular 가치를 지니게 된다. 형식주의자들이 '낯설게 하기ostranenie'라 불렀던 이 방법을 벤야민 식으로 말해본다면 '예술의 정치화'라 해도 좋을 것이다. 이는 작품에 어떤 교시적인 목표(의미)를 부과하여 대중을 계도하는 게 아니라, 대중이 작품과 접촉하고 감응하면서 조성하는 특이한 감응을 재빨리 포착해 명명하고, 그럼으로써 작품의 감상을 대중지성의 형성적 계기로 산출하는 과정이다. 이렇듯 공–동성은 예술작품을 강제적이거나 타협적인 해석으로부터 구출하여 생경하고도 신선한 지각의 장場에 던져 넣는 비평적 사건을 가리킨다. 지금–여기에 밀려든 대중의 거대한 감응은 필경 커먼즈의 귀환이라 불러야 옳겠지만, 이에 환호하며 사태 속에 모든 것을 맡겨버리는 것으로는 충분치 않다. 거꾸로 비평은 개입해야 하며, 커먼즈가 사건으로 계속 남도록, 사건 속에 휘말려 다음 사건을 통해 미–래로 열리도록 촉진해야 한다. 촉진자로서의 비평, 비판의 아방가르드가 감히 되어야 한다!

　지금 우리는 어떤 비평적 사건, 공–동성의 경험을 맞이하고 있는가? 어느 순간 이성애중심적인 가부장 사회에 균열이 발생했고, 남성적 척도에 맞춰 씌어졌던 문학사에 대한 재검토가 활발한 요즈음이다. 놀랍게도, '여성혐오'가 과연 실제로 존재하는 감정인지에 대해 벌어졌던 논란을 기억할 것이다. 통념적 거부반응을 넘어서 전진해온 페미니즘과 소수자 문학에 대한 비평적 실험은 어느덧 문학장의 큰 줄기조차 바꾸어놓은 듯하다. 고전으로 추앙받던 작품들이 새롭게 읽히고, 낯선 해석적 지표들이 하나둘씩 새로이 가동되고 있다. 진보와 반동, 반응과 역반응을 왕복하던 대중적 정념의 유동을 창작과 비평의 주파수로 수신하여 표제화하기까지 적지 않은 난관이 있어 왔고, 앞으로도 쉽게 사라지지 않을 것이다. 예컨대 유난히도 동성사회적homosocial 문화가 강력한 한국에서 페미니즘과 소수자 문학비평의 길이 적극적으로 열린 것은, 사회·정치적 반동을 감내하면서까지 '혐오'라는 감응을 포착하고 이를 문화 영역 전체에 표제화시킨 노고에 힘입은 바 크다. 이 시대

전체의 분위기를 단정 짓기에는 아직 이르지만, 적어도 현재의 추세가 낳고 있는 공–동적 사건화의 흐름은 결코 되돌릴 수 없을 것이다. 감응이라는 커먼즈는 항상–이미 공–동적 사건화의 과정 중에 생성하고 있기 때문이다.

한 걸음 더 나가보자. 사건은 정의상 사건 아닌 지형으로부터 나타난다. 뒤집어 말하면 어떤 사건도 언젠가는 비사건의 상태에 고착될 수 있다. 이와 같은 사건의 경직화 혹은 역逆생성은 사건화가 한창인 와중에도 얼마든지 일어날 것이다. 따라서 비평이 안고 있는 적극적이고 긍정적인 과제는 사건이 중단되지 않도록 끊임없이 표제화하는 데, 즉 새로운 의제를 공급하는 데 있다. 대중의 감응을 포착하여 사건을 사건으로 남겨두는 것, 현재의 사건이 또 다른 사건으로 이어지도록 관찰하고 촉발하는 비판적 노동이 그것이다. 다수가 눈감고 부정했어도 "여기에 차별과 혐오가, 폭력이 있다"고 굽힘없이 주장했던 목소리들이 그러하지 않았는가? 정확히 동일한 의미에서 사건의 중단은 사건화의 과정 속에도 위험스럽게 잠복해 있음을 기억해두자. 어떤 사건도 규범화의 덫에 빠질 수 있으며, 사건을 정체시키는 위험을 내포한다. 예컨대 요즘 논쟁중인 '정치적 올바름political correctness'이라는 의제는 보수적으로 편향된 한국 사회를 바꾸는 데 일정한 유효성을 갖지만 그 자체로 규범이 되어서는 곤란하다는 의견에 충분히 귀 기울여야 한다.[43] 사건의 매혹에 갇히지 않은 채 항상 낯선 사건화의 첨점尖點을 탐색하고 도달하려는 노력이야말로 공–동성, 혹은 사건적 비평의 출발점이기 때문이다. 새로운 사건화의 실마리는 언제나 현재의 사건 속에 이미 잠재해 있다. 비평의 아방가르드가 된다는 것은, 감히 사건 속에 뛰어들어 바로 그곳에서 비판의 주체가 되려는 힘겨운 시도에 다름 아니다.

43. 다양한 방식으로 논전이 거듭되고 있는 페미니즘과 소수자 문학 및 비평의 사안들에서 정치적 올바름은 결정적인 동시에 문제적이다. 기존의 이성애적이고 가부장적 규범을 타파하기 위한 방법으로서 그것은 중요한 초석적 가치를 지니며, 수단으로서의 정당성을 가질 수 있다. 하지만 또한 정치적 올바름은 '정체성 정치'의 위험성을 포함하고 있기에 자기 규범화의 유혹과 위험으로부터 늘 스스로를 경계하고 방어하도록 애써야 한다. 규범화된 정치적 올바름은 자칫 광장의 차이들을 권력 간의 알력으로 바꿈으로써 정치를 죽음으로 인도할 수 있기 때문이다. 후지이 다케시, 「정치적 올바름, 광장을 다스리다?」, 『문학3』 2017년 2호, 22–29쪽.